LE MARQVIS RIDICVLE,

OV LA COMTESSE faite à la haste.

Par Mr SCARRON.

A PARIS,
Chez Antoine de Sommaville,
dans la Galerie des Merciers, à
l'Escu de France.

M. DC. LVI.
Auec Priuilege du Roy.

A MONSIEVR

L'ABBE'

FOVCQVET.

ONSIEVR,

Vne personne, qui vous entendant nommer, demanderoit qui vous seriez, passeroit bien pour vn Campaguard tres-ignorant des affaires du monde:

ã ij

Vous y estes en telle reputation, qu'enfin, lors que l'on parlera de vous, on en viendra à ne dire plus que, MONSIEVR L'ABBE', comme on dit auiourd'huy, Monsieur le Cardinal, comme on a dit autrefois du dernier grand Ministre, & comme on a dit tousiours de tous ceux, qui se sont rendus importans par leur merite. Ce vous est vne grand gloire, d'estre à vostre âge, vn des plus considerables hommes de l'Estat; mais ne vous est-ce point vne grande fatigue? Vostre grand credit ne vous accable t'il point de prieres inciuiles? & ne vous fait-il point trouuer quelquefois dans vostre antichambre, vne haye d'importuns, qui vous attendent au passage? Ie pense mesme que quelqu'vn s'imaginera que c'est ce qui vous a attiré le liure que ie vous dedie: mais que tous faiseurs de iugemens temeraires sçachent que i'ay pris mes seuretez de ce costé là, & que deuant que de vous destiner vne maniere de present, qui plaist souuent moins à celuy qui le reçoit, qu'à celuy qui le fait; i'ay voulu sçauoir, si vous trouueriez bon que ie vous le fisse. Vous m'auez fait dire que vous ne l'auriez pas desagreable: Et en verité, MONSIEVR, vous ne deuiez pas receuoir moins obligeamment, l'enuie que i'ay d'estre vostre seruiteur: mais ce n'est pas assez que ie le veuille, il faut que vous le vouliez aussi; & apres que vous l'aurez bien voulu, il faudra peut estre encore sçauoir, si ie merite de l'estre. Si vous m'en voulez croire, vous n'y regarderez pas de trop prés, & vous m'accorderez l'honneur de vostre bien-veillance, comme a fait Monsieur le Procureur General vostre Frere. En attendant que vous ayez pris vostre resolution sur vne affaire, qui m'est aussi importante, que sont importans à l'Estat, les seruices que vous luy rendez tous les iours, ie vous supplie de lire ma Comedie: c'est à mon gré la mieux escritte de toutes celles que i'ay données au Public, depuis que mon malheur m'a reduit à n'auoir rien de meilleur à faire, & ce sera celle qui m'aura le mieux reussi, si elle a vostre approbation, que ie prefere à tous les aplaudissements des Theatres, comme ie fais tout ce qui me pourroit arriuer de plus heureux, à la qualité de

MONSIEVR.

Vostre tres-humble
& tres obeïssant
seruiteur.
SCARRON.

Extrait du Priuilege.

Par Grace & Priuilege du Roy, il est permis au Sieur PAVL SCARRON, de faire imprimer ses œuures tant en Proses qu'en Vers, & deffences à tous autres de les imprimer sans son consentement, soubs les peines mentionnées ausdites lettres de Priuilege.

Et ledit Sieur Scarron a consenty qu'Antoine de Sommauille Marchand Libraire à Paris, iouïsse dudit Priuilege à l'esgard de sa piece de Theatre, intitulé le *Marquis Ridicule*, suiuant l'accord fait entr'eux.

Acheué d'imprimer le 8. Feurier 1656.

ACTEVRS.

DOM BLAIZE-POL, Marquis de la Victoire.

DOM SANCHE, son frere.

DOM COSME de Vargas.

BLANCHE, fille de D. Cosme.

LIZETTE, suiuante de Blanche.

STEFANIE, Dame Portugaize.

LOVIZE, suiuante de Stefanie.

OLIVARES, Escuyer de Stefanie.

ORDVGNO, Escuyer de Dom Blaize.

MERLIN, valet de Dom Blaize, seruant Dom Sanche.

LE MARQVIS
Ridicule, ou la Comtesse faicte à la haste.

COMEDIE.

ACTE I.

SCENE PREMIERE.
STEFANIE, LOVIZE.

LOVIZE.

MADAME excuzés-moy, si ie vous interromp;
Mais le Soleil icy donne sur nous à plomb,
Sans parasol, sans mante, au Soleil, à telle heure,

Estre au cours, c'est ioüer à se perdre, ou ie meure,
Voulez vous faire icy de l'astre radieux,
Et de vostre bel œil morguer celuy des Cieux?
Sauf l'honneur que ie dois à vostre noble essence,
Ce dessein Romanesque a de l'extrauagance.
STEFANIE.
Tu me parles toûjours auecque liberté.
LOVIZE.
Mais Madame apres tout, ie dis la verité;
Car au cours, à midy, que voulez vous donc faire?
STEFANIE.
Ignorant mon dessein, tu n'as rien qu'à te taire.
LOVIZE.
Au moins m'auoüerez-vous que l'on n'y vient que tard,
Et qu'on n'y laisse point son carosse à l'écart.
STEFANIE.
Tay-toy. Ie te disois tout à l'heure, Louize,
Qu'à moins que d'vn Seigneur, ie ne puis estre éprise.
Ie hay le petit noble à l'egal du bourgeois;
L'escu seul à couronne est l'objet de mon choix:
Enfin, nul, quel qu'il soit, n'aura sur moy d'empire,
Si dans ses qualitez il n'entre du Messire.
LOVIZE.
Et Dom Sanche, Madame, est-il vn grand Seigneur,
A qui si franchement vous donnez vostre cœur?
Ma foy, d'vn grand Seigneur, il n'a pas l'equipage,
Et son train iusqu'icy ne peche pas en page.
STEFANIE.
Si tu voyois bien clair, tu connoistrois qu'il est,
Quoy qu'auec peu de train, autre qu'il ne paroist.
LOVIZE.
Et sur quoy fondez vous pareille coniecture?
STEFANIE.
Sur ce qu'il a l'air grand, & de fort bon augure;
Sur ce qu'en l'approchant mon ame m'aduertit
Qu'il est né grand Seigneur, mais qu'il se trauestit.

COMEDIE.

Ie ne me suis iamais d'vn Seigneur approché,
Que d'vn instinct secret ie n'aye esté touchée:
Mais ie me picque aussi d'estre de mon costé,
Le veritable aymant des gens de qualité,
Titre, que ie prefere au beau titre de Royne.

LOVIZE.
Vous estes Portugaise?

STEFANIE.
Il est vray, ie suis vaine.

LOVIZE.
Mais par l'ordre du ciel à qui tout est sujet,
Si Dom Sanche n'est pas vn Seigneur contrefait,
Luy ferez vous encor, de l'humeur dont vous estes,
La mine, & les doux yeux, que par tout vous luy faites?

STEFANIE.
Il est vray que ie dis ce que ie ne fais pas;
Il est vray qu'à le voir, ie trouue trop d'appas;
Et bien qu'il ne m'ait pas par mon foible attaquée,
Qu'il m'a pourtant vaincuë.

LOVIZE.
Ou du moins detraquée.
Pour moy, si ie brulois, ie cacherois mon feu,
Ou ie n'en ferois voir que quelquefois vn peu;
Car s'il voit, fin qu'il est, en pareille matiere,
Que vous en ayez tant, il n'en receura guiere.
Il est doux, complaisant, fort ciuil, grand flatteur,
Auec ces qualitez, on peut estre imposteur;
Auec ces qualitez, on trompe dans le monde,
Et si c'est là dessus que vostre esprit se fonde,
Pour croire que le sien vous est assuietti,
I'ay peur que vostre amour n'en ait le dementi.
Où ie sçay peu de chose en l'amoureux martire,
Ou c'est moderement que pour vous il soûpire,
Et ie n'ay pas grand peur que sa famille vn iour,
Vous plaide à son sujet pour vn meurtre d'amour.
Fust-il Comte, ou Marquis, estant ce que vous estes,
Il feroit pour le moins le chemin que vous faites.

A ij

LE MARQVIS RIDICVLE.

Voſtre rare beauté fait tout pour l'acquerir,
Voit-on ſur voſtre amour, ſon amour encherir?
STEFANIE.
Ouy, meſme auec excez.
LOVIZE.
     Chacun en croit de meſme,
Chacun croit aiſément qu'on l'ayme autant qu'il ayme,
Vous autres deitez, vous auez l'eſprit vain:
Ha! ſortez viſtement de ce doute incertain;
Qu'il decline ſon nom, ſon païs, ſa naiſſance;
Il eſt temps qu'à ſon tour, il faſſe quelque auance.
S'il a ce qu'il vous faut, vn Notaire, vn Curé;
S'il n'eſt pas ce qu'on croit, fiſt-il bien l'éploré,
Fermez luy voſtre porte, & m'en cherchez vn autre,
Dont vous ſerez le fait, comme il ſera le voſtre.
STEFANIE.
Ie ſçay que bien ſouuent, il ſe promene Icy,
Et c'eſt pour ce ſujet, que ie m'y trouue auſſi.
Afin que m'y voyant, ſeule, à pied, ſans liurée,
Il s'aille figurer ma conqueſte aſſeurée,
Et que pour me connoiſtre, il vienne m'approcher.
LOVIZE.
Qu'eſperez-vous par là?
STEFANIE.
     Ie luy veux reprocher,
Qu'il donne à tout.
LOVIZE.
     Ma foy, ce n'eſt pas gain de cauſe,
Pour vos nobles deſſeins, il faut bien autre choſe.
STEFANIE.
Cela me peut ſeruir à le faire expliquer,
A connoiſtre s'il m'ayme, ou s'il ſe veut mocquer;
Car puis que tout mon bien eſt ma ſeule induſtrie,
Ie redoute ſur tout la contrefourberie.
LOVIZE.
Par ma foy, ie le tiens auſſi fourbe que nous,

COMEDIE.
STEFANIE.
Mais il n'est pas aussi le seul but de mes coups.
LOVIZE.
Ce Financier coquet, que vous couchiez en joüe,
Et qui ne vous hait pas, le valoit bien.
STEFANIE.
Il joüe;
Son humeur m'est suspecte; on croit qu'il doit au Roy,
Et n'est pas dans Madrid cru pour homme de foy.
LOVIZE.
Et ce beau courtisan, qui vous suit à la piste?
STEFANIE.
Le madré veut sçauoir en quoy mon bien consiste;
Ne t'imagine pas à voir ma vanité,
Que ie m'attache tant aux gens de qualité:
Si ie trouue ou Bourgeois, ou vieillard qui soit riche,
Par d'honestes faueurs, dont ie ne suis pas chiche,
Ie sçauray le gaigner; lors ma condition
Se pourra bien passer de mon inuention,
Et lors auec honneur, sans faire de bassesse,
Ie pourray soûtenir l'éclat de ma noblesse:
Pour cet effect, ie vole aux oiseaux passagers,
Et nostre politique en veut aux étrangers.
I'ay de bons espions dans les hostelleries,
Dans les postes, bureaux, coches, messageries,
Tu m'es vn bon second, & nostre Oliuarés,
Pour nos nobles desseins est comme fait exprés,
Aux yeux de cent jaloux, il sçait faire vn message.
LOVIZE.
Bref vostre Oliuarés est vn grand personnage.
STEFANIE.
Il a sçeu découurir, qu'vn certain vray Marquis,
Arriue dans Madrid, & sçait bien son logis.
Ce Seigneur étranger, si i'ay bonne memoire,
A nom Dom Blaize Pol Marquis de la Victoire?

LE MARQVIS RIDICVLE,

LOVIZE.

La peste que de noms!

STEFANIE.

Cela sent son Seigneur.

LOVIZE.

Madame i'apperçoi vostre escuyer d'honneur.

STEFANIE.

Il nous apportera quelques bonnes nouuelles.

LOVIZE.

C'est le Phenix, l'extrait, des escuyers fidelles.

STEFANIE.

Dis-moy la verité que tu ne le hais pas?

LOVIZE.

Ie pense aussi pour luy ne manquer pas d'appas.
Hé bien ! surintendant des depeches secrettes!
Qu'as-tu de bon ?

SCENE II.

OLIVARES, STEFANIE, LOVIZE.

OLIVARES.

Tay-toy, Sultanne des cocquettes!
Ie me suis informé comme vous m'auiez dit
Du logis de Dom Sanche, & ie sçay comme il vit,
Et que pour le seruir, il n'a qu'vne personne.
Mais on m'a dit de plus, & c'est ce qui m'estonne,
Que son appartement, dont ie me suis enquis,
Estoit l'appartement de ce mesme Marquis,
De ce Dom Blaize Pol qu'on attend de Castille,

COMEDIE. 7
STEFANIE.
He bien ! c'est vn Matois, vn petit noble, vn drille,
Vois-tu ! ie me connois en gens de qualité.
OLIVARES.
En sortant de chez luy, ie l'ay trouué botté.
LOVIZE.
Et moy ie l'apperçoi.
STEFANIE.
    Mon bon-heur me l'amene.
LOVIZE.
Où vient-il si matin?
STEFANIE.
    Il faut que ie l'apprenne,
Cachons-nous.

SCENE III.

DOM SANCHE, MERLIN.

DOM SANCHE.

Tv dis donc, que mon frere est venu?
MERLIN.
Ouy Monsieur, craignant fort d'estre animal cornu,
Et que cette beauté qu'icy l'on luy destine,
Ne soit pour son repos trop aymable, & trop fine.
DOM SANCHE.
Comment se porte t'il?
MERLIN.
    Ma foy, trop bien pour vous,

A iiij

LE MARQVIS RIDICVLE,

Au reste, auant l'himen le Seigneur est ialoux,
Sa lettre qu'il m'a leüe, & que ie vous apporte,
Vous fera voir comment son Marquizat se porte,
Il pretend se cacher quelque temps dans Madrid,
Faisant la guerre à l'œil, s'éclaircissant l'esprit
Du renom, & des mœurs de l'épouze promise,
Qui payera bien cher le tiltre de Marquize.

DOM SANCHE.

La femme qu'il prendra, doit bien se preparer
A mal passer son temps, & beaucoup endurer.
I'auois comme tu vois auiourd'huy pris la botte,
Pour aller au deuant de ce franc Dom Quixotte.

MERLIN.

Vous l'auez mieux nommé que vous n'auez pensé,
Il n'est pas dans le monde vn homme moins sensé,
Vous ne croiriez iamais le chagrin, & la peine,
Que ie souffre à seruir vne teste mal saine.

D. SANCHE.

Que les Peres ont tort de tenir leurs enfans,
Eloignez de la Cour, à se roüiller aux champs.

MERLIN.

Et vos lettres Monsieur?

D. SANCHE.

Garde-les; qu'ay-ie à faire,
De lire les fatras d'vn impertinent frere?
Puis qu'il est dans Madrid, & que ie le vai voir;
Mais dis-tu vray Merlin, que tu n'as pû sçauoir
Le nom, ny le logis de sa femme future?

MERLIN.

Vous sçauez comme il est defiant de nature,
Qu'il fait secret de tout, & de rien bien souuent,
Et qu'il n'a pour conseil que son chef plein de vent;
Mais vous, mon cher Seigneur, qu'il ne vous en deplaise.
Comment vont vos amours auec la Portugaize?

D. SANCHE.

Stephanie?

COMEDIE.

MERLIN.
Elle mesme.
D. SANCHE.
Elles vont assez bien;
Car elle me caresse, & ne demande rien.
MERLIN.
Tant mieux.
D. SANCHE.
Ie la vai voir, parce que sa demeure
Est proche de la mienne, & qu'on m'ouure à toute heure;
Et l'on m'y voit souuent n'ayant que faire ailleurs,
Et manque aussi d'auoir des passe-temps meilleurs;
I'y demeure par fois pour changer moins de place;
I'en sors pour en changer, quand la mienne me lasse;
I'y reuay par coustume, & iamais par amour;
Ma paresse souuent m'y retient tout vn iour.
Quand i'y reve, elle croit, comme elle est vaine & belle,
Que ie ne puis rever pour autre que pour elle,
Et lors que ie me tais par taciturnité,
Que c'est par le respect que i'ay pour sa beauté.
Ie luy dis des douceurs, qui ne me coutent guiere,
Et souuent ie me plais de luy rompre en visiere
Pour diuersifier la conuersation,
Ou faisant le jaloux par ostentation,
I'ay le plaisir de voir comment elle s'efforce,
D'appaiser vn amant, qui parle de diuorce.
Ie paye ses faueurs de vers bien ou mal faits
Et nous aymons ainsi tous deux à peu de frais.
Iuge si mon amour me rend fort miserable.
MERLIN.
Vostre relation me la rend toute aymable;
N'auez vous point apris à sa rare beauté
Vostre nom ?
D. SANCHE.
Ouy Merlin, non pas ma qualité,

LE MARQVIS RIDICVLE,

Non plus que mon païs : mais elle s'imagine
Que ie suis pour le moins de Royale origine,
Vn Infant d'Arragon, ou bien de Portugal;
Car cette Portugaise, vn franc original,
Ne reçoit dans ses fers que des gens de la sorte,
A tous autres galans elle ferme la porte.
Elle en souffre par fois par maxime d'Estat,
Ou pour rendre ialoux quelque gros Potentat,
Ou bien pour faire voir qu'à ses yeux rien n'é-
  chappe
Et qu'indifferemment tout le monde elle attrappe.
MERLIN.
La Dame, ou ie me trompe, est foible de cerueau.
D. SANCHE.
A cela prez, elle est aymable; a l'esprit beau,
Et mille en cette Cour auecque moins de charmes,
Se font rendre tribut de soupirs, & de larmes.
MERLIN.
Elle est fort mal en meuble, & ie gagerois bien
Qu'elle est franche friponne, & qu'elle ne vaut rien,
L'autre iour sa suiuante, en colere contre elle,
Disoit tout haut qu'à peine elle estoit Damoiselle.
STEFANIE cachée.
Nous ne pouuons oüir ce qu'ils disent d'icy.
D. SANCHE.
Mais, nous auons manqué, dont i'ay bien du soucy,
Cette ieune beauté que nous auions suiuie,
Pour la reuoir encor, si tu cheris ma vie,
Auançons iusqu'au pont.
MERLIN.
        C'est autant de perdu,
D. SANCHE.
Vien, Qu'importe?
LOVIZE.
        Il s'en va le Marquis pretendu,
STEFANIE.
Appelle son valet, si tu m'aymes, Louize.

COMEDIE;

LOVIZE.
Caualier !

MERLIN.
Que me veut l'ecueil de ma franchize?

LOVIZE.
Conuerſer vn moment.

MERLIN.
Beau magazin d'attraits,
Mon Maiſtre eſt déja loin, il faut que i'aille apres,
Sans cela, croyez moy, ma chere Imperatrice,
Qu'il n'eſt rien icy bas que pour vous ie ne fiſſe.

LOVIZE.
Demeure icy, Merlin.

MERLIN.
Ie n'en ay pas le temps,
Adieu, moule adorable à faire des enfans.

STEFANIE.
Ie l'arreſteray bien. Dis-moy mon cher de grace,
Le païs de Dom Sanche, & ſon bien & ſa race,
Et quelle eſt la beauté qu'il adore à la cour?

MERLIN.
On vous a donc apris l'obiet de ſon amour?
à part.
Ie viens de luy donner du martel.

STEFANIE. *à part.*
Hà le traiſtre!

MERLIN.
Mon Maiſtre n'eſt pas tel qu'il tâche de paroiſtre.

STEFANIE.
Dis-moy donc ſon païs, ſa qualité, ſon bien,
Tien.

MERLIN.
Vous m'auez charmé par ce doux mot de Tien,
Le diamant eſt bon?

STEFANIE.
Fort bon.

MERLIN.
Vn peu iaunaſtre,

LE MARQVIS RIDICVLE,

Bas de Bizot?

LOVIZE.
Vois-tu, l'on te bat comme plaſtre,
Si tu ne parles viſte.

MERLIN.
Encore faut-il bien
Sçauoir, ſi ce qu'on donne eſt quelque choſe ou rien,

STEFANIE.
Dis-moy donc ſon païs, ſon bien, & ſa naiſſance.

MERLIN.
Vous me demandez-là des choſes d'importance,
Et dont iuſques icy, mon Maiſtre homme diſcret,
Et ſage au dernier point m'a touſiours fait ſecret;
Mais comme les valets ont l'ame curieuſe,
Et que ie vous connois Dame tres-genereuſe,
Ie veux vous auoüer auec ſincerité,
Que quant à ſon païs, ſon bien, ſa qualité,
Quoy que voſtre preſent i'aye bien voulu prendre,
Il s'enfuit.
Ie n'en ſçay rien du tout, & n'en puis rien aprendre.

STEFANIE.
Le cocquin m'a ioüée, il faut aller aprés.

OLIVARES.
Mon bras eſt impuiſſant, où le ſont vos attraits?

STEFANIE.
Il a laiſſé tomber en fuyant quelque choſe,
Va t'en le ramaſſer.

OLIVARES.
C'eſt vne lettre cloſe.

STEFANIE.
Apporte.

OLIVARES.
Ou c'en ſont deux en vn meſme paquet?

STEFANIE.
Il faut voir ce que c'eſt, romps viſte le cachet,
La datte eſt d'auiourd'huy, la lettre eſt fraiſche faite,
Nous allons découurir quelque affaire ſecrette,

COMEDIE,

LETTRE.

Mon frere.
Ie suis dans Madrid, & qui pis est, i'y suis pour me marier. I'ay grand peur, qu'vn bourreau de beau-pere ne m'aille tromper, & ne m'ait promis plus de beurre que de pain. Ie ne me mouche pas sur ma manche, comme vous sçauez, & il en faudroit venir au coupegorge. Ie vai donc faire la guerre à l'œil ; car de deux accidents il faut éuiter le pire. Informez vous de ses vie, & mœurs de vostre costé, comme ie feray du mien, & me sçachez bon gré de la confidence. Ie vous addresse vne lettre que i'escris à ma future épouze, afin qu'elle ne me soupçonne pas d'estre à Madrid. Le dessus de la lettre vous apprendra sa demeure.

LOVIZE.
A t'on iamais escrit plus extrauagamment?
En des termes plus bas, auec moins d'agrément?
Le style respond mal à l'esprit de Dom Sanche.
Auez vous remarqué CE MOVCHE SVR LA
    MANCHE ?
STEFANIE.
On escrit mal par fois, quoy que l'on parle bien.
LOVIZE.
Et tous ces quolibets qui ne seruent de rien?
STEFANIE.
Qu'importe. Mais helas! il importe qu'vn traistre
M'ait donné de l'amour sans se faire connoistre.
Il est Marquis le Fourbe, & d'vne qualité,
Qui peut à mon souhait borner ma vanité,
Il traitte cependant d'vn autre mariage,
Et me fait le joüet de son esprit volage.
LOVIZE.
Ie n'eusse iamais cru qu'il eust escrit si mal,
Il nous deguisoit bien son esprit de cheual.

STEFANIE.

Perſonne n'eſt exempt d'auoir quelque foibleſſe,
Quelque tendre, ou d'abord qu'on le touche, on le bleſſe,
Il eſt ialoux ſans doute, & quand ſon mal le prend
D'agreable qu'il eſt ridicule il ſe rend.
Il verra ſi ie ſuis de mon coſté ialouze.
Voyons comment il parle à ſa diuine Epouze.
L'addreſſe eſt A MADRID POVR BLANCHE
 DE VARGAS
DONT LA MAISON CONTIENT VN AP-
PARTEMENT BAS,
PEINT DE NEVF, ET GRILLE', QVI DON-
NE EN LA GRAND RVE.

LOVIZE.

Vrayement l'addreſſe eſt rare, & de grande eſten-
 duë.

OLIVARES.

I'irois les yeux bandez. Ie connois la maiſon.

STEFANIE.

Tant mieux. Veriſſions ſa noire trahiſon.

LETTRE.

M*A chere Eſpouze.*

*Quelques affaires m'empeſchent de vous appeller de plus
prés de ce doux nom. Receuez-le d'où vous eſtes, ie
vous le donne d'où ie puis, & cependant ie conſens, & ma
volonté eſt que cette lettre ait la force d'vne promeſſe
de mariage, en attendant que nous le conſommions
dans Madrid apres la benediction du Preſtre.*

Dom BLAISE POL, Marquis de la Victoire.

LOVIZE.

Il entre, ce me ſemble, icy quelque miſtere;
Car Madame il eſcrit de Madrid à ſon frere,
Son frere apparemment eſt auſſi dans Madrid,

COMEDIE.
STEFANIE.
Il n'est pas question de se lasser l'esprit,
A deuiner le sens, dont la lettre est escritte;
Mais il est question que mon ame s'irrite;
Qu'on se mocque de moy, qu'on me fait enrager,
Et que ie veux tout faire, afin de me vanger.
Ouy perfide, ouy mechant, i'iray chez ta Maistresse,
Luy faire le recit de ta fausse finesse.
Louize, Oliuares, il faut me seconder,
A rompre cet himen, ou bien le retarder;
Mais ce n'est pas assez de rompre vn himenée
Il faut bien dauantage à ma rage obstinée,
Ie veux apres auoir fait manquer cet himen,
Qu'il en meure le traistre.
LOVIZE.
Ouy qu'il meure,
OLIVARES.
Amen.
STEFANIE.
Perdons le scelerat qui s'attaque à ma gloire,
OLIVARES.
Soyons victorieux de la mesme victoire.
STEFANIE.
L'allusion me plaist, elle est pleine d'esprit,
Tantost pour cela seul, ie te donne vn habit.
LOVIZE.
A moy Madame?
STEFANIE.
A toy! ie te donne vne iuppe,
LOVIZE.
Malheur sur le Marquis qui nous a pris pour duppe.

Fin du premier Acte.

ACTE II.

SCENE PREMIERE.

BLANCHE, LIZETTE.

LIZETTE.

Pour moy quand vos cheuaux s'emporte-
rent si fort,
Ie dis mon in manus, & i'attendis la mort,
Si ie ne l'auois veu, ie croirois impossible
Que la peur fist en nous vn effect si terrible;
Car vous cheutes sur moy, sans poux, sans senti-
ment,
Et i'en suis pasle encor d'y songer seulement.

BLANCHE.

Nostre liberateur me vit-il de la sorte?

LIZETTE.

Et craignit comme moy que vous ne fussiez morte.
Pourquoy garder aussi des cheuaux si fringans?
Et des chiens de cochers tous les iours s'enyurans?

BLANCHE.

Comment se trouua-t'il en ce lieu solitaire,
Ce ieune cauallier, cet ange tutelaire?

LIZETTE.

Ie ne sçay pas comment; mais ie beniray Dieu,
Qui nous le fit trouuer à telle heure, en tel lieu.

BLANCHE.

COMEDIE.

BLANCHE.
Qu'il me parut ciuil! qu'il est bien fait, Lizette!
LIZETTE.
Ie croirois bien aussi qu'il vous trouua bien faitte,
BLANCHE.
Comme i'estois Lizette?
LIZETTE.
     Ouy, comme vous estiez
Toute pasle, à ses yeux autant vous éclattiez,
Qu'il éclattoit alors aux vostres par sa mine.
BLANCHE.
Mais de cet accident, qui fut donc l'origine?
LIZETTE.
Vostre malheur, le mien, vn bourreau de cocher
Tousiours saoul, des laquais qu'il faudroit écorcher,
Escoutez comme quoy nous l'échapames belle,
Dont, ma foy, nous deuons vne belle chandelle.
Nous passions sur le pont, sans beaucoup nous haster,
Et sans auoir dessein de nous precipiter.
Vostre cocher estoit comme vous sçauez yure,
Et vos laquais s'estoient dispensez de vous suiure,
Nous regardions les eaux du clair Mansanarez,
Quand vn chien, l'on eust dit qu'il l'eust fait tout expres,
Fit peur à vos cheuaux, dont l'yuroigne de guide
Accablé de sommeil ne tenoit plus la bride,
Du chien effarouchez, ils galoppoient fougueux,
Vers où le bord du fleuue à voir mesme est affreux,
Lors que ce Caualier, ou plustost ce bon Ange
Vola vers vos cheuaux d'vne vitesse estrange,
Et coupa leur harnois de son acier tranchant,
Sur le point qu'ils s'alloient ietter dans le panchant.
Nous estions cependant, vous, dans mes bras pasmée,
Moy, de vous voir ainsi tout à fait alarmée,
Vous reuintes aprés de vostre pâmoison,
Et lors vos yeux ingrats par grande trahison,

B

LE MARQVIS RIDICVLE,

Firent au Caualier vne amoureuse playe.
Voila de l'accident la relation vraye.

BLANCHE.

Folle plains moy plustost, & ne me raille point,
Le plaisir qu'on m'a fait, m'inquiette à tel point,
Par la crainte que i'ay de ne le pouuoir rendre,
Que de m'en attrister ie ne me puis deffendre.

LIZETTE.

Ie croy cette tristesse vne naissante amour,
Qui paroit dans vos yeux claire comme le iour.

BLANCHE.

Amour? moy?

LIZETTE.

Vous? amour? estes vous vne souche?

BLANCHE.

Non : mais i'ay de l'honneur.

LIZETTE.

Qui vous rend bien farouche.

BLANCHE.

Quand i'aurois repugnance à viure sous ses loix,
Vne fille prend-elle vn Espoux à son choix?
N'atten-ie pas le mien auiourd'huy?

LIZETTE.

Mais Madame!
S'il est mal fait de corps aussi-bien que de l'ame?

BLANCHE.

Si mon Pere me donne vn Espoux odieux,
Pour de mieux faits que luy ie fermeray les yeux.

LIZETTE.

Si quelque amour secret l'oblige à la despense?

BLANCHE.

Ie regleray la mienne, & prendray patience.

LIZETTE.

S'il est ialoux, auare, impertinent, railleur?
S'il est fâcheux, mal propre, yurogne, ou grand
parleur?
S'il est ioüeur, s'il perd ses terres & les vostres?
Si cagot, iour & nuit il dit ses patenostres?

S'il est chauue, gaucher, rousseau, louche, ou ca-
  gneux?
BLANCHE.
Le Ciel ne sera pas pour moy si rigoureux:
Mais quand il seroit tel que le fait ta peinture,
L'ennemy du bon sens, l'horreur de la nature,
Vn iniuste tyran, de son ombre ialoux,
Pour l'aymer, il suffit qu'il seroit mon Espoux.
LIZETTE.
Madame, si l'Espoux que le ciel vous destine,
A de ce Caualier le visage, & la mine,
S'il est d'esprit, de biens, & de vertus pourueu,
On peut tout esperer deuant que l'auoir veu,
Que sçait-on?
BLANCHE,
Ha Lizette! il faudroit estre heureuse.
LIZETTE.
Hâ! Madame, ma foy vous estes amoureuse.
BLANCHE,
Tay toy, ie vois mon Pere.

SCENE II.
DOM COSME, BLANCHE, LIZETTE.

DOM COSME.

He bien! vostre acci-
  dent,
De la faueur du Ciel est vn signe euident.
BLANCHE.
Si vous sçauiez Monsieur, par quel bon-heur
  estrange

LE MARQVIS RIDICVLE,

Sans le secours d'vn homme, ou plustost d'vn bon Ange......

D. COSME.

L'on m'a de point en point conté ce grand malheur,
Dont ie vous vois sauuée, & quitte pour la peur.
Comment vous portez vous?

BLANCHE.

De ma peur estourdie,
Ie me sens foible encor; mais c'est sans maladie.

SCENE III.

MERLIN, D. COSME, BLANCHE, LIZETTE.

MERLIN *surpris de voir Dom Cosme.*

Madame de la part, mais....

D. COSME.

Que demandez-vous?

MERLIN.

à part. Ie suis pris. Vn laquais estoit venu chez nous
Demander vn iuillep pour vostre fille morte,
Ie suis apoticaire, & c'est ce que i'apporte.

D. COSME.

On n'en a pas besoin.

LIZETTE *à part.*

Peste de l'estourdy.

BLANCHE.

Mon amy, ie vous trouue à mentir bien hardy.
Vous feriez soupçonner surpris comme vous estes

COMEDIE.

Qu'il se passe entre nous des affaires secrettes,
Monsieur, c'est le valet, ou ie me trompe fort,
Du Caualier sans qui vous pleureriez ma mort?
MERLIN.
Ie ne suis pas à luy; mais ie suis à son Frere.
D. COSME.
Comment s'appelle-t'il?
MERLIN.
O le curieux Pere! *à part.*
Puis qu'il vous faut parler sans feintise, & sans dol,
Mon Maistre est vn Seigneur nommé Dom Blaize
Pol.
D. COSME.
Marquis de la Victoire?
MERLIN.
Ouy Monsieur.
D. COSME.
C'est mon gendre.
Est-il icy?
MERLIN.
Luy mesme.
D. COSME.
Et me veut il surprendre?
Que ne m'écriuoit-il qu'il venoit? & pourquoy,
A-t'il voulu descendre autre-part que chez moy?
MERLIN.
Il est d'vn naturel surprenant.
LIZETTE.
Ha Madame!
Vous allez donc bien-tost estre Marquize, & femme?
D. COSME.
Tu sçais où le trouuer?
MERLIN.
Ouy, Monsieur.
D. COSME.
C'est assez.
Adiustez-vous ma fille, & vous resioüissez,

B iij

LE MARQVIS RIDICVLE,

D. SANCHE.

Si c'estoit l'offencer que l'aymer ardemment,
Elle m'auroit traitté trop peu cruellement;
Mais si c'est de l'amour que les Dieux nous deman-
  dent,
Si c'est par nos respects, qu'à nos vœux ils se ren-
  dent
Doit elle receuoir d'vn œil si rigoureux,
Et mes respects sousmis,& mes soins amoureux?

BLANCHE.

Lizette!haste-toy,veus-tu donc que mon Pere
Le trouue?

LIZETTE.
  Allons Monsieur.

D. SANCHE.
  O Dieu, qu'elle est seuere!

LIZETTE.
I'entend Monsieur qui vient, viste cachez vous-là,

BLANCHE.
Lizette! quel malheur!

LIZETTE.
  Ne craignez rien,

SCENE V.

COMEDIE.

SCENE V.

D. BLAISE & ses gens, D. COSME, BLANCHE, LIZETTE.

DOM BLAIZE.

Hola!
Ne vous dispensez pas ma sotte valettaille,
En vn iour important comme vn iour de bataille,
En vn temps où l'amour mon ennemy cruel
Contre vn fier basilic me suscite vn duel;
Car ma belle en est vn, dont la mortelle veuë,
Fait d'vn homme viuant vn mort à l'impreuüe.
Ne vous dispensez pas, dis-je, mes sottes gens,
D'estre au moindre clin d'œil, à ma voix diligens,
Afin que la Deesse à qui mon cœur encense
Iuge de mon esprit par vostre obeïssance.
M'entendez-vous?

D. COSME.

Monsieur, vous commandez icy
Comme Maistre absolu.

D. BLAIZE.

Ie l'enten bien ainsi.
Mon beau-pere, notez, que vous auez la draitte,
Notez de la façon qu'auecque vous ie traitte:
Ie ne la donne pas à tous, en bonne foy.
Et ce rencontre icy ne fait pas vne loy.
Mais allons de plus prez déployer la faconde,
Deuant cette merueille à nulle autre seconde.

C

LE MARQVIS RIDICVLE,

Ie pretens dés ce soir acheuer voſtre nopce.
Qu'on mette viſtement les cheuaux au caroſſe,
Lizette, & vous ma fille obtenez deſſus vous,
De paroiſtre plus gaye aux yeux de voſtre Eſpoux.
Il ſort.

BLANCHE.
Noſtre auenture helas ! m'a bien moins eſtonnée,
Que ne fait le penſer de mon proche Himenée.

LIZETTE.
Paſſer de fille à femme eſt ſans doute vn grand ſaut;
Mais quelque grand qu'il ſoit, on le franchit bientoſt.

BLANCHE.
O Dieu ! que vois-je encore ?

SCENE IV.

DOM SANCHE, BLANCHE, LIZETTE.

DOM SANCHE.

Apres vous auoir veuë,
De tant de dons du Ciel ſi richement pourueuë,
Ie ne puis m'empeſcher de reuoir vos beaux yeux
Pour leur offrir encor mon cœur comme à mes Dieux.
Dé-ja de leurs regars la menace ſeuere
Fait craindre à mon amour leur iniuſte colere;
Leur dedain redoutable eſt preſt de chaſtier,
Vn crime que ma mort ſeule peut expier;

COMEDIE.

Mais que leur cruauté contre moy tout employe,
Tout supplice m'est doux pourueu que ie les voye.
BLANCHE.
Quand mon Pere m'amene vn Epoux que i'attens,
Me venir voir encor, c'est mal prendre son temps.
D. SANCHE.
Ie venois m'informer de l'estat où vous estes.
BLANCHE.
Si vous sçauiez Monsieur, la peur que vous me faittes,
Ou plustost à quel mal vous m'exposez icy,
Vous ne me viendriez pas rendre visite ainsi.
Il est vray, ie vous dois la vie, & ie confesse,
Que mon cœur genereux me le redit sans cesse ;
Mais dans le mesme temps qu'il m'apprend mon deuoir,
Il m'aduertit aussi que i'ay tort de vous voir.
D. SANCHE.
Vous ne m'auez rien deub, dont vous ne soyez quitte;
Mais i'ay cru vous deuoir au moins vne visite;
Ou plustost ie l'ay cru deuoir à mon repos,
Puisque eloigné de vous i'endure mille maux.
BLANCHE.
Bien que i'ay pour vous toute sorte d'estime,
Ie ne puis plus long-temps vous écouter sans crime;
Vous reuoir, c'est manquer à ce que ie me dois,
Et peu faire pour vous; mais beaucoup contre moy.
Emmene-le Lizette.
LIZETTE.
Allons, allons, mon braue
Et si vous deuenez nostre amoureux esclaue,
Comme vous en auez tout à fait la façon,
Sçachez qu'vn ieune cœur n'est pas tousiours glaçon,
Que Lizette vous peut seruir, & que Lizette
A pour vous dans son ame vne estime parfaitte.

LE MARQVIS RIDICVLE,

Mieux vaut vn oisillon qu'on tient dessus le poing,
Qu'vn grand oiseau de prix volant dans l'air bien
  loing;
Vous meritiez vn Roy merueille sans egalle,
Vous n'aurez qu'vn Marquis soubs la loy coniugale,
Ordugno! que dis-tu de l'application?

ORDVGNO.
Qu'elle est digne de vous.

D. BLAIZE.
Elle est d'invention,
Et sans doute elle aura la donzelle attendrie,

ORDVGNO.
Il n'en faut point douter.

LIZETTE.
Quelle pedanterie!
Madame!

BLANCHE.
Ha tay toy donc, Lizette!

D. COSME. à part.
Auec le temps
La Cour pourra changer le style, & l'air des champs,

D. BLAIZE.
Vous estes vn long-temps, me semble, à me respõdre,
Deuroit-on là dessus auoir à vous semondre?

BLANCHE.
Quand bien on m'offriroit ce qui ne se peut pas,
Vn Espoux plus que vous à mes yeux plein d'appas
Et dont la qualité fust plus considerable,
Ce qui n'est pas possible, encore moins croyable;
Quand au lieu de Marquis, vous seriez vn grand
  Roy,
Le pouuoir que mon Pere a tousiours eu sur moy,
Qui n'ay iamais songé qu'à l'aymer, à luy plaire,
M'auroit fait consentir au bon choix de mon Pere,
Ainsi pour deux raisons i'ayme vn si digne Espoux,
Et parce qu'il le veut, & parce que c'est vous,

D. BLAIZE.
Ordugno! qu'en dis-tu la Sibile Camée?

COMEDIE.

M'eust moins par son discours l'ame entousiasmée.
Ordugno! l'artisan qui peignit son portrait
N'a pû le fat qu'il est la rendre trait pour trait,
Ordugno! I'ay grand peur qu'vne femme si belle
De moy son papillon deuiendra la chandelle,
Ordugno!

ORDVGNO.
Quoy, Monsieur?

D. BLAIZE.
Elle en tient.

ORDVGNO.
Seurement.

D. BLAIZE.
Mais à bon chat bon rat, i'en tiens pareillement.
Ordugno! la maison me choque en sa structure,
Il en faudroit changer toute l'architecture,
La chambre est en bicoin, tout au moins il faudroit
Abbattre l'angle aigu, pour en refaire vn droit.
Ordugno!

ORDVGNO. *d'un ton chagrin comme ennuyé d'estre tant appellé.*
Monseigneur!

D. BLAIZE.
Quelle façon maudite
De respondre, est-ce point que le faquin s'irrite
D'entendre si souuent Ordugno repeter.
Sçais-tu que c'est ainsi qu'on se fait mal-traitter,
Sçais-tu que qui t'a fait, te pourra bien defaire?

ORDVGNO.
Ie crois n'auoir rien fait qui puisse vous deplaire.

D. BLAIZE.
Ie l'ay fait fauory de Page fort galeux,
Dont vn meilleur que luy se tiendroit fort heureux,
Et le gredin qu'il est, se fait tirer l'oreille,
A cause que par fois à luy ie me conseille,
Tous valets sont valets.

ORDVGNO.
Mais Seigneur,...

C ij

D. BLAIZE.

        Il suffit,
Ne me va point chercher dans ton mauuais esprit
De mauuaises raisons, ou nous aurons querelle,
Viens à moy sans gronder à lors que ie t'appelle;
Ne me parle iamais qu'estant interrogé,
Et iamais sans respect, ou bien prend ton congé.

    D. COSME.
Ne trouuez-vous pas bon, Monsieur, que i'aille faire
Preparer vne chambre à Monsieur vostre frere?
Car ie ne pretend pas qu'il loge hors de chez moy.

    D. BLAIZE.
C'est fort mal pretendu, mon beau-pere.

    D. COSME.
       Et pourquoy?

    D. BLAIZE.
Parce qu'en vn logis où dormira ma femme,
De mon consentement ne dormira corps d'ame;
Par corps d'ame, i'entend tous parens, tous amis,
Tous valets, mesme aussi, s'il m'est ainsi permis,
Tous chiens, chats, & cheuaux masles, toute pein-
 ture.
Qui represente au vif masculine figure.
Sans doute, vous direz, & vous direz bien vray,
Que ie suis fort ialoux; mais ie m'en sçay bon gré.

    D. COSME.
On ne sçauroit faillir par trop de preuoyance.

    D. BLAIZE.
Vous me parlez ainsi par pure complaisance,
Vous estes vn adroit, Dom Cosme, & ie voi bien
Que vous accordez tout, & ne contestez rien.
Ces maudits esprits doux sont personnes à craindre;
Mais iusqu'icy de vous ie n'ay pas à me plaindre.
Ordugno?

    ORDVGNO.
Monseigneur.

    D. BLAIZE.
    Di moy quelle heure il est?

COMEDIE.

ORDVGNO.

Il est des-ja bien tard.

D. BLAIZE.

Le souper est il prest?

ORDVGNO.

Il le sera bien-tost.

D. BLAIZE.

Qu'on me mene à ma chambre;
Qu'on ne m'y brule point de pastilles à l'ambre;
Que le repas aussi soit sobre, & limité;
Car ie ne puis souffrir la superfluité.
Ordugno!

ORDVGNO.

Monseigneur.

D. BLAIZE.

Fai bien la sentinelle.
Furette bien par tout.

ORDVGNO.

Ie vous seray fidelle.

D. BLAIZE.

Allons, Dom Cosme, allons, monstrez moy le chemin. *il sort.*
Adieu iusqu'au souper belle au teint de iasmin!

BLANCHE.

Ha Lizette!

LIZETTE.

Ha Madame! à quelle destinée
Vous reduit vostre Pere auec son himenée.
Auoit-il de bons yeux quand il vous à choisy
Ce Marquis campagnard, fantasque en cramoisy?

BLANCHE.

Ha! ne m'en parle point qu'auec respect Lizette,
Ie te l'ay des-ja dit, encor qu'il me mal-traitte,
Quelques cruels tourmens qu'il me fasse endurer,
Il ne m'est pas permis mesme d'en murmurer.
Fai vistement sortir ce cauallier. Ie tremble
Que quelqu'vn du logis ne vous rencontre ensem-
ble;

C iij

LE MARQVIS RIDICVLE.

Di luy que ie l'estime autant que ie le doi,
Et que de l'Action qu'il a faitte pour moy,
La memoire en mon cœur par le deuoir tracée,
Par la longueur du temps ne peut estre effacée;
Et que ie n'aurois pas refusé de le voir,
Si ie l'auois pû faire, & suiure mon deuoir.

LIZETTE.

On va bien-tost souper. Tous nos gens vont & vien-
  nent,
Et ceux de ce Marquis tous les passages tiennent,
Ie croi qu'ils sont payez pour en vzer ainsi:
Mais ie prendray mon temps, & pour vous hors
  d'icy,
Allez dans vostre chambre, cependant Lizette
Tirera le captif de sa noire cachette.

Fin du second Acte.

COMEDIE.

ACTE III.

SCENE PREMIERE.

LIZETTE, DOM SANCHE.

LIZETTE.

Es valets du Marquis à leur Maistre fidelles,
Auoient si bien par-tout placé leurs sentinelles,
Que durant le souper mesme, ie n'ay pas pû,
Tirer hors de son trou nostre amant morfondu.
Il me fait grand pitié, car il est fort aymable:
Mais, ma foy, le Marquis ne sera pas traittable,
Et ie me trompe fort, s'il est moins diligent,
A garder sa moitié qu'à garder son argent.
Sortez mon Caualier, sortez en diligence:
Vous m'auez auiourd'huy cousté plus d'vne transe,
Nous auons vn Mary ialoux comme vn damné.

D. SANCHE.

Helas! il est mon frere, & de plus mon aisné.

LIZETTE.

Dites-vous?

D. SANCHE.

Et de plus, c'est le dernier des hommes.

LIZETTE.

Nous sommes bien à plaindre en l'estat où nous
  sommes ;
Moy d'avoir vn tel Maistre, & vous vn frere tel.
I'en fais dés auiourd'huy mon ennemy mortel ;
Il ne meritoit pas vne femme si belle.

D. SANCHE.

Ny moy de l'esprouuer si fiere, & si cruelle.

LIZETTE.

Vous l'auez obligée, & vous estes bien fait ;
Esperez : son esprit est sensible au bien-fait,
Et quoy que par vertu sa peine il dissimule,
Ie sçay qu'il est choqué d'vn mary ridicule.
Si peu qu'vn sot Espoux à nos yeux fasse mal
Le temps change en mespris le respect coniugal,
Et si peu qu'vn Mary se rende méprisable,
Il ne manque au Galand qu'vne heure fauorable.

SCENE II.

DOM BLAIZE, LIZETTE, D. SANCHE, ORDUGNO.

DOM BLAIZE.

Ordugno !

LIZETTE.

Le voicy, mon Dieu, que ferons nous ?

D. BLAIZE.

Et vien donc, Ordugno !

LIZETTE.

Viste, recachez vous,

COMEDIE. 33

Maudit soit, l'Ordugno, ie tremble en chaque mem-
bre,

D. BLAIZE.

Ordugno!

ORDVGNO.

Pourquoy donc sortir de vostre chambre?

D. BLAIZE.

Mes amoureux soûpirs en ont échauffé l'air,
Et pourroient à la fin moy-mesme m'y bruler,

ORDVGNO.

Que ne reposez-vous vostre personne lasse?

D. BLAIZE.

Ie ne puis demeurer long-temps en vne place;
Triste comme ie suis,

ORDVGNO.

Pourquoy triste?

D. BLAIZE.

Pourquoy?
Quel mortel icy bas doit l'estre plus que moy?
Ie veux absolument me cacher d'vn beau-pere,
Qui me trouue d'abord, grace à mon sot de frere:
Qui contre l'ordre exprés à luy par moy donné,
A luy frere cadet par moy son frere aisné;
Qui contre l'ordre donc, porté dans ma missiue,
De ne reueler pas à personne qui viue
Que ie suis dans Madrid, a d'abord découuert
L'infaillible moyen de me prendre sans vert.

ORDVGNO.

Et qu'ordonniez-vous donc à Dom Sanche?

D. BLAIZE.

De faire
Inuestigation de Blanche, & de son Pere,
Sçauoir ce qu'on en dit dans la Cour de Madrid;
Car si quelqu'vn de Blanche auoit surpris l'esprit,
Par consequent le corps, ie n'aurois que son reste,
Et ma honte bien-tost deuiendroit manifeste,
Ainsi Dom Blaize Pol encorné plus qu'vn bœuf,
Auroit à souhaitter de se voir bien-tost veuf;

Au lieu que si mon frere eust caché ma venuë,
Cette maison bien-tost m'auroit esté connuë:
Et, cela fait, suiuant mon information,
Ou bien i'aurois agi par consommation,
Ou bien i'aurois d'abord rompu mon mariage;
Mais il n'en est plus temps, Ordugno, dont i'enrage,
Qui pis est, le beaupere est de ces esprits doux,
Qui sur tout, en tout temps sont d'accord auec vous;
Qui ne quittent iamais leur douce procedure,
Et qui rient au nez quand on leur fait iniure.

   D. SANCHE. *à part d'où il est caché.*
Le fantasque qu'il est m'auroit pris en deffaut,
S'il n'eust ainsi parlé de sa lettre tout haut;
Mais ie puis maintenant dire que ie l'ay leuë.
Quoy qu'à dire le vray son valet l'ait perduë.

   D. BLAIZE.
Mais épluchons vn peu la future moitié,
Qu'en dis-tu?
  ORDVGNO.
   Qu'elle est belle!
  D. BLAIZE.
     Et trop de la moitié,
Et de cette suiuante vn peu trop familiere?
  ORDVGNO.
Qu'elle me plaist beaucoup.
  D. BLAIZE.
     Elle ne me plaist guiere.
Comment! à sa maistresse, à la barbe des gens,
Elle parle à l'oreille, à toute heure, en tout temps.
Loin de moy, loin de moy soubrette qui conseille,
On dispose du cœur de qui l'on a l'oreille;
On dispose du corps, de qui l'on a le cœur,
Cela fait, vn mary se trouue sans honneur.
Va, va t'en dans ma chambre, apporte vne lumiere;
Ie ne veux pas laisser le moindre coin derriere
Où ie n'aye porté mes regards, & mes mains,
Si i'allois y trouuer le malheur que ie crains,

COMEDIE. 35

Quelque Galant caché, ie ferois rumeur telle
Que mon maudit himen se romproit par querelle,
D. SANCHE. *dans sa cachette.*
Si cet extrauagant cherche par tout ainsi,
Il ne faut point douter qu'il ne me trouue icy,
Mais ie me puis sauuer tandis qu'il ne voit goute.
D. BLAIZE.
I'entend marcher quelqu'vn auprés de moy sans
 doute,
Qui va là?
D. SANCHE.
 Qui va-là toy-mesme?
D. BLAIZE.
   Es-tu mortel,
Ou fantosme?
D. SANCHE.
  Ie suis homme viuant, & tel,
Que pour auoir ozé profaner la demeure
Et l'honneur d'vn Marquis, ie t'étrangle sur l'heure.
D. BLAIZE.
Tu me serres la gorge homme trop ponctuel!
Mais ie t'étrangleray d'vn effort mutuel.
Demon! car tu ne peus estre vn homme ordinaire
Aprés le mal cruel que tu me viens de faire,
Que cherches-tu ceans?
D. SANCHE.
   I'y cherche à t'y punir.
D. BLAIZE.
Et d'où prends-tu l'audace, & le droit d'y venir?
Ordugno en entrant esteint sa chandelle contre le visage
de son Maistre.
Ordugno! l'estourdy m'a brulé le visage.
ORDVGNO.
Qui Diable vous croyoit aussi dans mon passage?
D. SANCHE.
Hà, mon frere! est-ce vous? à la voix d'Ordugno,
Ie vous ay reconnu,

D. BLAIZE,
Frere ou pluftoft Bourreau,
A quoy bon m'eftrangler?

D. SANCHE.
A deffein de vous plaire.

D. BLAIZE.
La belle inuention pour heriter d'vn frere!

DOM SANCHE.
Vous me l'auiez écrit.

D. BLAIZE.
Oüy de vous informer
De Blanche, & de fes mœurs, non de vous enfermer
Dans fon logis de nuit : mon cadet ! c'eft trop faire,
C'eft transgreffer mon ordre, enfin c'eft me déplaire.

D. SANCHE.
Ie n'ay point eu deffein que de vous obeïr.

D. BLAIZE.
Mais n'auez vous point eu celuy de me trahir.

D. SANCHE.
Voftre lettre en mes mains, ne fut pas pluftoft mife,
Qu'affin d'executer vos ordres fans remife,
I'entray dans ce logis.

D. BLAIZE.
Où ie vous voi caché,
Qui vous y fit entrer?

D. SANCHE.
Ie fuis bien empefché.

D. BLAIZE.
Parlez donc: qu'auez-vous à vous gratter la tefte?
Eutes-vous pour cela quelque pretexte honefte?
Car on n'introduit pas pour rien, & fans fujet
Dans vn logis d'honneur, vn cauallier fufpect.

D. SANCHE.
Ie priay; ie promis; ie gaignay fa fuiuante,
Feignant pour fa Maiftreffe vne amour violente,

COMEDIE,
D. BLAIZE.
N'auois-je pas bien dit?la friponne qu'elle est
A la fidelité prefere l'interest:
Ie m'en veux éclaircir, puis qu'il y va du nostre.
Prenez cette casaque, & me donnez la vostre,
Et cependant, allez dans ma chambre. Ordugno!
Vous tiendrez compagnie à ce Godelureau.
Ie vay bien attraper la maudite soubrette:
Elle croira venir tirer de sa cachette
Mon frere, & me prendra pour ce larron d'honneur,
Et ie decouure ainsi ce qu'elle a sur le cœur.
D. SANCHE.
Il va tout découurir, ô la sotte deffaite
Dont ie me suis seruiǃ
D. BLAIZE.
     La maudite soubrette
Sur la foy des manteaux troquez si prudemment,
Pour Dom Sanche aura pris Dom Blaize asseure-
 ment.
Elle viendra bien-tost le tirer de sa geolle,
Et lors, ie ne dis pas que sur sa tendre épaule
Coups orbes, & pesans par moy ne soient donnez:
Mais ie luy veux deuant tirer les vers du nez.
LIZETTE. *croyant parler à D. Sanche.*
Le sot homme est sorti.

D. BLAIZE. *à part.*
    Peste! comme on me nomme.
LIZETTE.
Hàǃ que n'est-il dé-ja doublement vn sot homme.
D. BLAIZE. *contrefaisant sa voix.*
Bon. Du plaisir receu ie me reuancheray.
LIZETTE.
Ie n'ay rien fait au prix de ce que ie feray.
Sortez donc. Ce Marquis nous fera de la peine,
Fantasque comme il est.
D. BLAIZE. *à part.*
    Hà ǃ la double vilaine.

LIZETTE. *entend venir D. Sanche qu'elle croit D. Blaise.*

Dieu me veuille assister! ne le voila-t'il pas?
elle s'enfuit.
Songez à vous, pour moy ie me sauue à grands pas.

D. BLAIZE.

Hà! c'est vous, pourquoy donc venir si-tost mon frere.

D. SANCHE.

Le desir de sçauoir le secret d'vn affaire,
Où nostre honneur commun peut estre interessé
En est cause.

D. BLAIZE.

Ma foy, vous estiez bien pressé.

D. SANCHE.

Qu'auez-vous donc appris?

D. BLAIZE.

Trop. D'abord la traistresse,
M'a promis sa faueur auprés de sa maistresse,
Puis m'a donné du sot, & du fantasque aussi:
Mais ie luy veux apprendre à me traitter ainsi.
Chaque chose a son temps, & quant à vous, Dom Sanche,
Ie veux que vous feigniez d'estre amoureux de Blanche.
Ie veux par vostre amour adroittement ioüé,
Decouurir si son cœur vous peut estre voüé;
Et ie pourray peut-estre auec la mesme feinte
Decouurir, si ce cœur n'a point eu d'autre atteinte.
Vous pouuez bien penser que ie serois gasté,
S'il falloit que la belle en eust dé-ja tasté.
L'adresse à ce dessein n'est pas peu necessaire,
N'y faites pourtant pas tout ce qui s'y peut faire,
Que vostre feint amour n'ait rien d'incontinent,

D. SANCHE.

Ce Mary curieux, qu'on nomme impertinent,
N'en a iamais tant fait.

COMEDIE.

D. BLAIZE.
      Vous me voulez inſtruire,
Vous mal-heureux cadet qu'vn aiſné peut deſtruire,
Vous m'oſez conſeiller, vous me traittez de ſot,
Moy tout ſens, tout eſprit, moy Dom Blaize en vn
 mot.

D. SANCHE.
Mais que peut-on penſer d'vn homme qui s'ingere
D'aymer vne beauté deſtinée à ſon frere?
Et quelle opinion auroit-elle de moy?
Qui ferois vn tel crime.

D. BLAIZE.
      Et n'eſt-ce pas dequoy
Donner vne couleur à pareille entrepriſe,
Que feindre que voſtre ame eſt dés long-temps
 épriſe?

D. SANCHE.
Ie ne l'ay iamais veuë.

D. BLAIZE.
      Et ſuis-ie donc vn foû?
Et n'auez-vous pas veu ſon portrait à mon cou?
N'eſt-il pas digne aſſez de voſtre idolatrie?
Mais foin, ie l'ay laiſſé dans noſtre hoſtellerie,
Ie m'en vay le querir.

D. SANCHE.
     I'iray bien.

D. BLAIZE.
      Volontiers,
Vous iriez fureter ma male & mes papiers.
Renguainez, renguainez voſtre offre officieuſe,
Que ces freres cadets ont l'ame curieuſe!
Ie ſuis des curieux l'ennemy capital.

D. SANCHE. *à part.*
La belle occaſion que m'offre ce brutal!

D. BLAIZE.
Que dittes vous tout bas?

LE MARQVIS RIDICVLE,

D. SANCHE.

Que ie suis prest de faire
Tout ce qu'il vous plaira.

D. BLAIZE.

M'obeïr, c'est me plaire.
Ordugno!

ORDVGNO.

Monseigneur?

D. BLAIZE.

Ordugno!

ORDVGNO.

Monseigneur?

D. BLAIZE.

Faut-il pour mes pechez qu'vn valet soit dormeur?
Ordugno!

ORDVGNO.

Monseigneur?

D. BLAIZE.

Dieu te puisse confondre,
Monseigneur, Monseigneur, ce n'est là que respondre;
Mais ce n'est pas venir.

ORDVONO.

Hé bien que voulez-vous?

D. BLAIZE.

Sortir.

ORDVGNO.

Sortir si tard, c'est à faire à des fous.

D. BLAIZE.

Parle pour toy crocan. Sçais-tu bien ce qu'engendre
L'indulgence d'vn Maistre au valet bon à pendre?
Certaines libertez, qui lassent à la fin,
Et qui font tost ou tard qu'on le traitte en faquin:
Va querir mon espée, & prends aussi la tienne,
Et lanterne, & poignard.

ORDVGNO.

Faut-il que Merlin vienne?

DOM

COMEDIE.

D. BLAIZE.
Non. Qu'on m'ouure, auſſi-toſt qu'on m'entendra ſiffler, *il ſort.*
Ie reuiens à l'inſtant.

MERLIN.
Où veut-il donc aller si tard?

D. SANCHE.
Tu le ſçauras deuant que la nuit paſſe,
D'où viens-tu toy?

MERLIN.
Ie viens de perdre à tope & maſſe
Vn petit diamant, dont m'auoit fait regal
La belle Stefanie honneur de Portugal:
Il n'en eſt pas au monde vne plus folle qu'elle,
Ie la viens de trouuer auecque ſa Sequelle,
C'eſt à dire Louize, & ſon Oliuares,
Aſſiegeant ce logis, & de loin & de prés.
Elle, ou quelqu'vn des ſiens, n'en quitte pas la porte
Guignant les gens au nez, ſoit qu'on entre ou qu'on ſorte.
Dans ſes mains par malheur ie ſuis tantoſt tombé.
Et ſous ſes queſtions i'ay quaſi ſuccombé,
Elle m'a fait ſur vous mille & mille demandes,
Quand elle m'auroit fait autant de reprimandes,
Ie croi ſur mon honneur, qu'elle m'euſt moins pezé,
Quelqu'vn dans ſon eſprit vous a demarquizé,
Ie l'en trouue pour vous vn peu moins échauffée,
Et meſme ie la tien de Dom Blaize coeffée,
Et que c'eſt pour luy ſeul qu'elle bat le paué.

D. SANCHE.
Ie voudrois de bon cœur qu'elle l'euſt enleué.

MERLIN.
Le Marquizat ſans doute a donné dans ſon tendre,
Vn Marquizat auſſi n'eſt pas mauuais à prendre.

D. SANCHE.
Pleuſt à Dieu que ſes yeux fiſſent vn meſme effet

D

Sur ce cher frere aiſné, qui feroit bien ſon fait,
Et que d'elle amoureux, il me cedaſt mon ange.
MERLIN.
Qui ne pleureroit pas peut-eſtre d'vn tel change:
Mais ſongez vous encore à la priſe d'vn cœur
Si regulierement retranché dans l'honneur,
Vn cœur, qu'on peut nommer la plus dure des ro-
 ches,
Qui ne veut pas ſouffrir ſeulement des approches.
Vous m'allez alleguer ſes yeux aſtres iumeaux,
D'accord; mais c'eſt tirer voſtre poudre aux moi-
 neaux.
D. SANCHE.
A peine croiras-tu Merlin? par quelle voye,
Vn eſpoir ſurprenant reſſuſcite ma ioye.
MERLIN.
Dittes-la, vous verrez ſi ie la crois ou non.
D. SANCHE.
Auſſi ialoux que fou, mon frere tout de bon,
Veut que.... mais quelqu'vn vient; ie te diray le
 reſte
Tantoſt.

SCENE III.

LIZETTE, DOM SANCHE, MERLIN.

LIZETTE.

Mon cher Monſieur, noſtre Maiſtreſſe
 peſte

COMEDIE,

D'vne étrange façon contre vous.
D. SANCHE.
Et pourquoy?
LIZETTE.
Que sçait elle? elle peste encor plus contre moy.
Mais si prés du Marquis vous estes bien tranquille,
Que fait-il donc? dort-il?
D. SANCHE.
Le Marquis est en ville
A l'heure que je parle.
LIZETTE.
Et qu'y fait-il si tard,
Cet ennemy commun?
D. SANCHE.
C'est vne affaire à part.
Vous sçaurez seulement, que Dom Blaize, & Dom Sanche
Sont fort bien. Que ne suis-je aussi bien auec Blanche?
LIZETTE.
Si vous estiez sorty, vous y seriez fort bien.
Iamais esprit ne fut moins ferme que le sien.
O le sot animal qu'vne fille timide!
A force de pleurer, elle a la teste vuide:
Mais lors que la pauurette a sçeu qui vous estiez
D'aize elle m'a baisée, & fait cent amitiez.
D. SANCHE.
Sçait-elle que je suis le deplorable frere
Du trop heureux Marquis?
LIZETTE.
Elle se desespere
De n'auoir pas le choix de Dom Blaize, & de vous,
Et de se voir reduitte à prendre vn tel Espoux.
D. SANCHE.
on siffle.
Merlin! on a sifflé, C'est mon frere, va viste
Ouurir la porte.

D ij

LIZETTE.
Et moy ie regaigne mon giſte.
D. SANCHE.
Ne m'abandonnez pas au beſoin.
LIZETTE.
Ie feray
Des merueilles pour vous, ou bien i'y periray:
Parce que ie crois faire vne œuure charitable,
En faiſant reüſſir vne amitié ſortable;
Outre que i'ay pour vous autan. d'affection
elle ſort.
Que i'ay pour le Marquis de iuſte auerſion.

SCENE IV.

DOM BLAIZE, D. SANCHE, MERLIN, ORDVGNO.

DOM BLAIZE.

ORdugno!
ORDVGNO.
Monſeigneur?
D. BLAIZE.
Que ie periſſe infame,
Si ie prend dans Madrid belle ny laide femme.
Comment! vn eſtranger y paroiſt-il, ſoudain
Les femmes du Païs le courent comme vn Daim.
Mon frere, iuſtement au ſortir de la porte,
Deux Dames de qui l'vne à l'autre ſert d'eſcortes,

COMEDIE. 45

Et certain Quinola qui sert à la mener,
Comme vn lievre gisté me sont venu tourner;
Et celle qui des deux m'a paru la Maistresse,
D'vne demarche fiere, & d'vn air de Princesse,
M'est venu sottement, soit pour mal, soit pour bien,
Regarder sous le nez, & m'a caché le sien.
I'ay cru cette action d'abord vne passade,
Et l'inutile effect d'vne folle boutade:
Mais Maistresse, suiuante, & le vieil Escuyer,
N'ont point abandonné leur pretendu gibier:
Ils m'ont depuis ceans iusqu'à l'hostellerie
Tousiours enuisagé de la mesme furie:
La Dame cheminant tantost à mon costé,
Tantost me deuançant d'vn pas precipité,
Et tantost se faisant par moy laisser derriere.
Le retour s'est passé de la mesme maniere:
Là dessus i'ay sifflé, vous m'auez fait ouurir.
La Dame que mes yeux font sans doute mourir,
(Et ce n'est pas icy le premier de leurs crimes,
Ils ont bien fait tomber ailleurs d'autres victimes)
M'a fait comme i'entrois entendre vn grand soûpir,
Tres infaillible effect d'vn amoureux desir,
Et de là ie conclus, que ie serois peu sage,
Si i'allois dans Madrid me ioindre en mariage,
Où d'abord que i'arriue, on me court nuit & iour;
Où l'homme est le cruel; la femme y fait l'amour;
Où l'on obsede vn homme au milieu d'vne ruë;
Où l'on peut estre pris par vne malotruë.
Et que seroit-ce donc, si seiournant icy,
Quelqu'autre chaque iour m'entreprenoit ainsi,
Quoy! si ie me trouuois au milieu de cent d'elles,
Et qu'estant conuoité de ces cent Demoiselles,
Mon corps de cent costez fust à la fois tiré,
Dom Blaize en cent morceaux se verroit deschiré?

46 LE MARQVIS RIDICVLE,

Ordugno! nostre nopce, ou ie me trompe, est faitte,
Ie veux dés le matin déloger sans trompette.

ORDVGNO.

Et tous vos beaux habits?

D. BLAIZE.

Nous nous en seruirons.

ORDVGNO.

Et ceux de vostre train?

D. BLAIZE.

Nous nous en defferons.

ORDVGNO.

On ne se deffait pas de tels habits sans perte.

D. BLAIZE.

Veux-tu que ie me iette en vne fosse ouuerte?
Et qu'estant marié, ie sois encornaillé?
Mais d'vn bien plus grand soin ie me sens trauaillé,
Il faudra que ie trouue vne excuse valable
A Dom Cosme, vn vieillard d'vne humeur detestable.
Vn bourreau d'esprit doux, qui vous accorde tout,
Et vous fait compliment en vous poussant à bout;
Qui ne manquera pas de loüer ma prudence;
Qui dira, quoy qu'il perde en ma chere alliance,
Qu'il rompra mon himen tout comme il me plaira;
Et dans le mesme temps qu'il me le promettra,
Le mal-heureux qu'il est, quoy que ie puisse faire,
Malgré mes dents & moy se fera mon beaupere.
Mortel, eut-il iamais vn embarras pareil;
Mais la nuit là dessus nous donnera conseil,
Vous ne laisserez pas de toute vostre adresse,
De dire des douceurs à ma ieune Maistresse.
A propos nous aurions besoin d'vne clarté,
Pour bien voir son portrait que i'auois apporté.
Mais la Lune est fort claire, approchons la fenestre,
Icy comme en plain iour il ne sçauroit paroistre,
Mais...

COMEDIE.

STEFANIE. *qui est dans la ruë, passant*
la main à la fenestre de la
Donne. *salle basse & arrachant le*
portrait, dit.

D. BLAIZE.
Hay! bon Dieu comme on me l'a rauy;
C'est le mesme dragon qui m'a tantost suiuy.

D. SANCHE.
Qu'auez-vous?

D. BLAIZE.
Ce que i'ay? la demande est plaisante!
Et n'auez-vous pas veu l'action violente
Que l'on me vient de faire, & comme on m'a grippé
Mon portrait de la ruë, aprés m'auoir frappé?

D. SANCHE.
Vous me surprenez fort.

D. BLAIZE.
Ha par ma foy c'est elle,

D. SANCHE.
Et qui?

D. BLAIZE.
La mesme Dame auecque sa Sequelle,
Qui me couroit tantost. Peste! qu'elle m'a fait
Vne grande écorcheure en prenant mon portrait;

D. SANCHE.
On peut aller aprés.

D. BLAIZE.
Ma foy, la larronnesse,
En vitesse de pieds surpasse vne Tygresse,
Aussi-bien qu'vn portrait, on y perdroit ses pas;
Encore vn coup icy l'on ne m'attrappe pas:
Mais allons nous coucher. A propos nostre frere
Coucher auec quelqu'vn n'est pas mon ordinaire,
Passe pour vne fois. O Dom Cosme! ô Madrid!
O maudit mariage! ô Marquis sans esprit!
il sort.

D. SANCHE.

O Destin! ô amour! ô toute aymable Blanche!
Pourrez-vous rendre heureux vn autre que Dom
   Sanche! *il sort.*

MERLIN.

O Dom Blaize! ô Dom Sanche! ô cher couple de
   fous!
Que le pauure Merlin va souffrir auec vous.
il sort.

ORDVGNO.

O cher amy Merlin! que les fievres quartaines,
Puissent serrer bien fort ces deux testes mal saines,

Fin du troisiéme Acte.

ACTE IV.

COMEDIE.

ACTE IV.

SCENE PREMIERE.

BLANCHE, LIZETTE.

BLANCHE.

Il ne sçauoit donc pas mon futur Himenée,
Et qu'à son frere aisné l'on m'auoit destinée?

LIZETTE.

Il ne le sçauoit pas : vous n'auriez iamais cru
Quelle fut sa douleur aussi-tost qu'il l'a sçeu.
Si vous eussiez oüy ses amoureuses plaintes,
Vostre cœur en eust eu de sensibles atteintes.
Iamais vn malheureux au fort de son tourment,
N'a maudit son destin plus pitoyablement.
Ie n'ay pas pour autruy le cœur autrement tendre:
Mais quand ie songe en luy, ie sens le mien se fen-
dre.
Son frere est bien-heureux.

BLANCHE.

Son frere est ce qu'il est,
Puis qu'il est approuué de mon Pere, il me plaist,
Mais i'entens vn carosse.

E

LE MARQVIS RIDICVLE

LIZETTE regarde par la fenestre de la salle.

Il est vray, qui s'arreste
Chez nous.

BLANCHE.

Est-ce pour moy?

LIZETTE.

Feignez vn mal de teste,
Si ce sont des fâcheux : ie vay les receuoir,
Et vous iray querir si ce sont gens à voir.

Blanche sort.

à part. Cette Madame icy viendroit-elle à la nopce?

SCENE II.

STEFANIE, OLIVARES, LOVIZE, LIZETTE, BLANCHE.

STEFANIE.

O Liuares!

OLIVARES.

Madame?

STEFANIE.

Enuoyez le carosse.
Pourrois-ie dire vn mot à Blanche de Vargas?

LIZETTE. *elle sort.*

Ie m'en vay l'aduertir de descendre icy bas.

STEFANIE.

Il estoit de mon train, & de ma bonne mine,
De ne pas faire icy ma visite en gredine;

COMEDIE.

Quelque mauuais que soit vn carosse emprunté,
Il nous donne tousiours beaucoup d'authorité.
OLIVARES.
Mais quel noble dessein allez vous entreprendre?
STEFANIE.
Digne de mon esprit.
OLIVARES.
     I'ay peine à le comprendre.
STEFANIE.
Tu me verras Marquize, ou bien ie periray.
OLIVARES.
Ma foy, vous le serez comme ie voleray.
STEFANIE.
N'ay-ie pas plaisamment attrapé la peinture,
L'aymable marmouzet de l'Espouse future?
OLIVARES.
Quel bien vous viendra-t'il d'auoir pris vn portrait?
STEFANIE.
I'en auray du plaisir.
OLIVARES.
     I'en auray du cotret.
STEFANIE.
Homme de peu de foy!
OLIVARES.
     Sans beaucoup d'apparence,
Ie ne me flatte point d'vne vaine esperance.
STEFANIE.
Et ie m'en flatte moy: Mais n'as-tu pû sçauoir
Où le Marquis alloit si viste hier au soir?
OLIVARES.
I'ay fait ce que i'ay pû pour le pouuoir apprendre.
STEFANIE.
Il fut couru des mieux.
OLIVARES.
     Courir, ce n'est pas prendre.

E ij

SCENE III.

LIZETTE, STEFANIE, BLANCHE, OLIVARES, LOVIZE.

LIZETTE.

Madame va venir dans vn petit moment.
STEFANIE.
N'aurois-ie point troublé son diuertissement?
Ne luy ferois-ie point de visite importune?
Mais ie la vois venir : sa beauté non commune
Est encore au dessus du grand bruit qu'on en fait,
Et pour tout dire enfin, efface son portrait.
Madame, trouuez bon deuant que vous rien dire,
Que ie vous considere, & que ie vous admire.
Ie n'ay iamais rien veu de si charmant que vous.
BLANCHE.
Ie n'attendois pas moins d'vn visage si doux,
Que des ciuilitez & des caiolleries.
STEFANIE.
Qui ne vous en feroit?
BLANCHE.
Treve de railleries.
STEFANIE.
Ie rends ce que ie dois à ce que vous valez.
BLANCHE.
Apprenez-moy pluftost ce que vous me voulez,
De vous pouuoir seruir ie me tiendrois heureuse,

COMEDIE.

STEFANIE. *à sa Suiuante.*
Louize! qu'en dis-tu?
LOVIZE.
l'en serois amoureuse.
STEFANIE.
Et dé-ja ie la suis, & i'en hay doublement
Le méchant qui la veut, tromper si lâchement.
LOVIZE.
Comment peut-il tromper cette belle personne?
STEFANIE.
Comment me trompe-t'il?
BLANCHE.
Ce langage m'estonne.
Sçauez-vous qui ie suis?
STEFANIE.
Non, ie ne le sçay pas!
Ce n'est pas vostre nom que Blanche de Vargas?
BLANCHE.
Ie l'auoüe.
STEFANIE.
Et i'ignore aussi qu'on vous marie!
Mais vous, sçauez-vous bien la noire perfidie,
Qu'vn Traistre, qu'vn Marquis Dom Blaize....

BLANCHE.
Hà taisez-vous,
Ne venez point icy décrier mon Espoux.
STEFANIE.
Il est donc vostre Espoux?
BLANCHE.
Au moins il le doit estre.
STEFANIE.
Elle me fait pitié Louize!
LOVIZE.
O le grand traistre!
BLANCHE.
Ces discours surprenans, & pleins d'obscuritez,
M'empeschent de respondre à vos ciuilitez.

E iij

LE MARQVIS RIDICVLE.

STEFANIE.
Ie m'expliqueray mieux, quelque mal qu'il m'ar-
 riue;
Mais qu'on ne dise point à personne qui viue,
Et sur tout au Marquis, que l'on m'ait veuë icy:
Ce n'est pas sans raison que ie vous parle ainsi.
Ie veux bien l'auoüer : il y va de ma vie;
Mais pour auoir le bien de vous auoir seruie,
Ie hazarderois tout, excepté mon honneur.
Vous gaignez à tel point mon estime, & mon cœur,
Que ie serois pour vous de mesme ardeur zelée,
Quand dans vos interests ie serois moins meslée.

BLANCHE.
Mon estime & mon cœur ne sont pas moins à vous;
Mais si vos interests sont communs entre nous,
Contentez le desir, que i'ay de les apprendre.

STEFANIE.
I'ay tousiours dans l'esprit que l'on nous peut sur-
 prendre,
Madame encore vn coup, suis-ie icy seurement;

BLANCHE.
Ne craignez rien Madame, & parlez seulement.

STEFANIE.
Faites-donc s'il vous plaist sortir vostre suiuante.

BLANCHE.
Ie ne luy cache rien.

STEFANIE.
    Elle est pourtant seruante,

BLANCHE.
Ouy : mais elle a le don de garder vn secret.

STEFANIE.
Vous reconnoissez-bien cet aymable portrait?

BLANCHE.
Et qui vous l'a donné?

STEFANIE.
    C'est la personne mesme
A qui vous auez fait cette faueur extreme,

COMEDIE.

BLANCHE.
Mais pourquoy le Marquis l'a-t'il mis dans vos mains?

STEFANIE.
Dom Blaize est, en vn mot, le dernier des humains,
Quand vous mariez-vous?

BLANCHE.
Auiourd'huy.

STEFANIE. *à part.*
L'infidelle!

LOVIZE *à Oliuares.*
Il n'est pas dans le monde vne plus fourbe qu'elle.

OLIVARES.
Fourbissime.

STEFANIE.
Et Dom Blaize a signé le contract?

BLANCHE.
Dez long-temps.

STEFANIE.
O bon Dieu! pardonne au scelerat,
Il n'en peut accomplir la principale clause,
Ny vous donner la main.

BLANCHE.
Puisque tout s'y dispose,
Que mon Pere le veut, que i'en ay conuenu,
Et que c'est pour cela que Dom Blaize est venu,
Qui l'en peut empescher?

STEFANIE.
Helas! c'est moy Madame!
Moy qui l'ay fait regner dés long-temps dans mon ame,
Sa qualité, son bien, ses sermens, & ses pleurs,
Son langage flatteur, & ses feintes douleurs,
Ma ieunesse credule, & mon ame trop tendre,
Ma folle vanité trop aisée à surprendre,
Enfin tout ce que peut d'ennemis assembler
La rigueur d'vn destin qui vouloit m'accabler,
Fauorisa si bien les desseins de ce traistre,

E iiij

LE MARQVIS RIDICVLE,

Que ie ne puis l'haïr quelque ingrat qu'il puiſſe eſtre,
Qu'il obtint...:mais helas ma rougeur,& mes pleurs
Vous declarent aſſez iuſqu'où vont mes malheurs;
Mais auſſi ,ie vous ſuis encor ſi peu connuë,
Que vous pourriez douter,ſi ie ſuis ingenuë,
Et ſans me faire tort,mettre en doute ma foy,
Si i'eſtois ſans teſmoins qui parlaſſent pour moy,
Deux enfans malheureux d'vn infidelle Pere,
Ioindront leur foible voix à celle de leur Mere,
Et ces deux innocens auront bien le credit
De vous perſuader tout ce qu'elle vous dit.

BLANCHE.

Si mon cœur vous pouuoit auſſi bien que ma bou-
che,
Teſmoigner à quel point voſtre malheur me tou-
che,
Vous ne douteriez point de la iuſte douleur,
Que me fait reſſentir voſtre cruel malheur.

LIZETTE *entre toute effrayée,*

Tout eſt perdu.

BLANCHE.

Quoy donc?

LIZETTE.

Ils vont venir Madame.

BLANCHE.

Qui?

LIZETTE.

Dom Blaize,& Dom Coſme.

STEFANIE.

O mal-heureuſe femme!
Et que feray-ie donc en cet accablement?

LIZETTE.

Vous pouuez vous cacher en ſon appartement,
La clef tient à la porte.

BANCHE.

Ouure viſte,Lizette,

LIZETTE.

Sauuez-vous viſtement Dame,Eſcuyer,Soubrette.

COMEDIE,
Et vous deffendez bien si l'on vous veut forcer.

SCENE IV.

D. BLAIZE, DOM COSME
D. Sanche, Blanche, Lizette,
Merlin, Ordvgno.

D. BLAIZE.

Et ie soûtien encor qu'il ne faut rien presser,
DOM COSME.
Et ie soûtien aussi qu'vne semblable affaire
Se hazarde beaucoup, alors qu'on la differe.
D. BLAIZE.
Et moy ie resoûtien qu'on ne hazarde rien,
Quand on differe vn peu ce qu'on retrouue bien?
Si les grands de la Cour n'estoient pas à ma nopce,
Si i'allois emprunter, ou loüer vn carosse,
Pour aller à l'Eglise, au lieu d'en auoir vn
En propre, & d'vn ouurage au delà du commun;
Si Blanche en pareil iour estoit si mal en ordre,
Que le moindre bourgeois y pût trouuer à mordre;
Enfin si i'épousois vostre fille en gredin,
Ne me croiroit-on pas vn fou, vous vn badin?
Ne passerois-ie pas, ô trop hasté Dom Cosme!
Pour le plus grand vilain qui soit dans le Royaume;
Ne serois-ie pas fat, & mesme plus que vous?
(Cecy soit dit pourtant sans vous mettre en cour-
  roux)
Si ie ne rendois pas celebre la iournée
Qui se pourra vanter de mon noble Hymenée.

Ie veux que bals, festins, musiques, & Taureaux,
Carrousels, & combats de barriere aux flambeaux,
Fassent parler en Cour de ma magnificence:
Ie differeray donc auec vostre licence.
D. COSME.
Il faut donc differer, ie ne conteste plus;
Mais bals, festins, tournois sont des frais superflus;
A la cour auiourd'huy, l'on ne s'en picque guiere,
Il n'est donc pas besoin pour cela qu'on differe.
D. BLAIZE.
Cet homme me fera bien-tost desesperer.
Il ne conteste plus, il veut bien differer,
Et dans le mesme temps qu'il accorde la chose,
Le drole la refuse, & mesme en dit la cause.
D. COSME.
Ie ne refuse rien.
D. BLAIZE.
    Nous differerons donc?
D. COSME.
Hà non.
D. BLAIZE.
O mal plaisant vieillard, s'il en fut onc?
Voulez-vous differer ou non?
D. COSME,
    Ie ne veux faire
Que ce que vous voudrez.
D. BLAIZE.
    Hé bien donc qu'on differe?
D. COSME.
Mais si nous differons, qu'est-ce que l'on dira?
D. BLAIZE.
Rien, sauf, hormis, sinon, que l'on differera;
Ie veux absolument differer l'himenée,
Deussiez-vous enrager en vostre ame obstinée?
D. COSME.
Ie ne puis differer.
D. BLAIZE.
    Et pour moy, ie le puis.

COMÉDIE.

D. COSME.
Ie ne puis differer.

D. BLAIZE.
Estant ce que ie suis
Il faut que ie differe, & i'en ay dit la cause.

D. COSME.
Ie ne puis differer.

D. BLAIZE.
Hà parlons d'autre chose,
Ou nous nous brouillerons.

D. COSME.
Ie ne puis differer.

D. BLAIZE.
Messieurs! sur mon honneur, il le faut separer.
Ne voyez-vous pas bien qu'il n'est dé-ja pas sage?
Et que sera-ce donc, si iamais il enrage?

BLANCHE *tout bas à son Pere.*
On peut bien differer les nopces pour vn temps,
I'ay receu là-dessus des auis importans.

D. COSME,
Ie ne puis differer.

D. BLAIZE.
Quel detestable flegme!
Hà dites-moy plustost quelque vieil apophthegme,
De ceux dont vous m'auez tantost assassiné.

D. COSME.
Ie ne puis differer.

D. BLAIZE.
Maudit soit l'obstiné.

D. SANCHE.
Puis qu'il vous presse tant, c'est vn fort mauuais
signe.

D. BLAIZE.
C'en est vn tres-certain qu'il est vn fourbe insigne,
Mais allons faire vn tour, pour rafraichir vn peu
Mes esprits échauffez, & mon visage en feu.

BLANCHE.
Ce n'est pas sans raison que ie vous dis, mon Pere,

LE MARQVIS RIDICVLE,

Que vous deuez aussi souhaitter qu'on diffère.
Ie sçay que le Marquis ayme depuis deux ans,
Vne Dame, & de plus qu'il en a deux enfans.

D. COSME.

Tous les gens comme luy n'en font-ils pas de mesme?
Estant en Portugal, par vn bon-heur extreme,
Ie pus gagner le cœur d'vne ieune beauté,
Aymable pour l'esprit, riche, & de qualité.
Ie déguisois mon nom, à cause qu'en Castille
I'auois l'inimitié de toute vne famille,
Pour auoir fait perir à mes pieds vn Riual,
Dont la mort me retint deux ans en Portugal.
Cette belle auoit nom Eluire de Pacheque,
Moy, i'auois pris celuy de Dom Iuan Palomeque,
Nous nous aymions tous deux auecque passion;
Mais ayant obtenu mon abolition,
Ie sortis de Lisbonne, & reuins en Castille,
Laissant Eluire en pleurs, & grosse d'vne fille,
Ie deuois retourner l'épouzer; mais la Cour
Bannit de mon esprit Eluire & mon amour.
A quelque temps de là, i'épouzay vostre Mere.

STEFANIE cachée.

Dans la relation que ie vien d'oüir faire,
Ie trouue asseurement l'infaillible moyen,
D'obtenir si ie veux, & D. Blaize, & son bien.

D. COSME.

Le voicy qui reuient,

COMEDIE.

SCENE V.

D. BLAIZE, DOM SANCHE, ORDVGNO, D. COSME, BLANCHE.

D. BLAIZE.

Ie vous croiray, Dom Sanche?
Mais allez de ce pas parler d'amour à Blanche
I'entretien cependant cet ennuyeux vieillard.
Dom Cosme! pourroit-on vous parler à l'escart?

D. COSME.

Ie suis à vous.

D. BLAIZE.

Hé bien! noſtre aymable beau-pere?
Conſentez-vous enfin que l'himen ſe differe?
Ou m'entendray-ie encor l'oreille penetrer
Par cet impertinent, ie ne puis differer?

D. COSME.

Ie n'euſſe pas vſé de paroles pareilles,
Pour peu que i'euſſe cru vous bleſſer les oreilles.
Ie ne feray iamais que ce que vous voudrez.

D. BLAIZE.

O que les hommes doux ſont ſouples, & madrez!

D. COSME.

Mais Monſieur, vous diſiez tantoſt, ou ie me trôpe,
Que vous haïſſiez fort le vain luxe, & la pompe,
Et ce qui peut paſſer pour ſuperfluité:
A quelque bourgeois riche, & né ſans qualité,

On pourroit pardonner vne folle defpence:
Mais elle elle eſt condamnée en l'homme de naiſ-
 ſance.
D. BLAIZE. à part.
Ce qu'il me vient de dire, a quelque fondement.
D. SANCHE. à l'autre bout du Theatre.
Ie ne puis plus tenir contre tant de tourment.
Ou vous ſerez bien-toſt de mes larmes fléchie,
Ou bien-toſt voſtre orgueil verra finir ma vie.
BLANCHE.
Eſtes-vous furieux, Dom Sanche, & croyez vous,
Que ie puiſſe long-temps retenir mon courroux?
D. SANCHE.
Ne la retenez point cette iuſte colere,
Perdez vn miſerable; aymez ſon heureux frere.
Auancez mon trépas par vos dedains cruels,
I'en ſortiray pluſtoſt de mes maux eternels.
D. BLAIZE.
Mon frere! à mon ſecours, il me tourne, il me vire,
Il me fait enrager, & ne fait que soûrire.
STEFANIE cachée.
Le frere aiſné m'eſchappe, & le cadet trompeur
De mon eſprit ialoux augmente la fureur.
Louize! Oliuares! eſcoutez......
D. BLAIZE.
 O Dom Coſme!
Dans Madrid, ou pluſtoſt dans tout ce grand Royau-
 me.
Trouuez-vous quelquefois quelqu'vn fait comme
 vous?
Croyez-vous que la paix ſoit long-temps entre
 nous?
Moy chaud comme le feu, vous froid comme la
 glace,
Et quoy que l'on vous diſe, & quoy que l'on vous
 faſſe,
Vous allez touſiours droit où vous voulez aller:
Vous me déplaiſez fort, ie vous veux quereller,

COMEDIE. 63

Et vous m'assassinez à force de me plaire,
Il n'est pas dans le monde vn plus parfait beau-pere.
Mais que voi-je?

STEFANIE, *sort auec Louize toutes deux voilées, & Oliuares la mene la teste cachée dans son manteau & elles se détournent pour choquer D. Blaize.*

Mes yeux ont veu sa trahison;
Mais ie sçay le moyen d'en auoir la raison.
Eloignons ce méchant.

D. COSME.
Et quelles gens peut-ce estre,
Qui se cachent chez moy sans se faire connoistre?

D. BLAIZE.
Quel escadron en deuil vient me choquer icy?
Pourquoy diable, à moy seul s'addresse-t'il ainsi?
Cognoissez-vous quelqu'vn de cette noire bande,
Dites-le moy D. Cosme?

D. COSME.
Et ie vous le demande.
Qui le sçait mieux que vous?

D. BLAIZE.
Ie n'en sçay rien ma foy:
Ie les ay d'abord pris pour les gens d'vn conuoy.

BLANCHE, *tout bas à son Pere.*
Monsieur, c'est cette Dame, Espouze de D. Blaize,
Dont il a des enfans.

D. COSME.
Il en vse à son aise.
Ie n'ay iamais esté choqué si rudement,
I'en suis quasi tombé par terre lourdement.

D. COSME *tout bas à sa fille.*
Mais le sçauez-vous bien?

BLANCHE.
Ouy Monsieur, c'est la mesme.

D. COSME.
Hà! c'est nous méprifer d'vne insolence extreme,

Ie me plains iustement de vostre procedé,
D. Blaize.

D. BLAIZE.

Et parblu bon, ie suis reprimandé,
Ie n'eusse iamais cru qu'vn doux à triple étage,
De se mettre en colere eust iamais le courage.

D. COSME.

Il n'entre point chez moy de semblable gibbier,
C'est me faire vne offence, & c'est me décrier.

D. BLAIZE.

Mais que ie sçache donc, D. Cosme, ie vous prie,
Et ce qui vous offence, & ce qui me décrie?

D. COSME.

Vous manquez de respect à ma fille.

D. BLAIZE.

Estes-vous
Par fois capricieux, vous autres esprits doux?

BLANCHE.

Mon Pere a grand sujet de trouuer fort étrange.

D. BLAIZE.

Quand est du temps present, vous vous tairez, bel ange!
Et quand est du futur, bel ange, vous sçaurez
Que vous me plairez fort, lors que vous vous tairez,
Mais enfin, sçachons donc ce que vous voulez dire?

D. COSME.

Que lors que vous aurez vn legitime empire
Sur Blanche, qu'elle aura bien souuent à souffrir
De pareils déplaisirs.

D. BLAIZE.

Que ie puisse mourir,
Si D. Cosme ne croit que i'ay fait en cachette
Entrer dans sa maison quelque amitié secrette,
Mon frere allez aprés.

D. SANCHE.

I'y cours.

D. BLAIZE.

Mais à grand pas!

D. SANCHE.

COMEDIE.

D. SANCHE. *à part.*
O. Amour! si l'himen par là ne se fait pas.
D. BLAIZE.
Allez donc: qu'auez-vous à regarder les nuës,
Quand des cornes seroient à mes temples venuës,
Ie n'aurois pas esté dauantage estonné;
C'est quelque Dame à qui i'ay de l'amour donné,
Ordugno!

ORDVGNO.
Monseigneur?
D. BLAIZE.
En sçais tu quelque chose?
ORDVGNO.
Rien du tour.
D. BLAIZE.
Auois tu tenu ma chambre close?
ORDVGNO.
A double tour.
D. BLAIZE.
Ma foy ie n'y connois donc rien.
Vous vous coulez, D. Cosme, allez vous faites bien,

D. Cosme & Blanche sortent.

Et vous astre d'amour qui suiuez vostre Pere,
Empeschez l'esprit doux de se mettre en colere,
Ordugno!

ORDVGNO.
Monseigneur?
D. BLAIZE.
Il faut asseurement,
Que le Ciel m'ait donné de ses biens largement.
O les rares talens que ie laisse destruire!
Ie n'ay pas plustost fait mon merite reluire
Dans Madrid, & i'y suis, à grand peine arriué
Qu'on m'y court, que i'y suis peu s'en faut enleué.
Il n'est ma foy rien tel que d'estre né bel homme,
I'eusse voulu donner vne notable somme,

E

Afin que mon himen pour vn temps fuſt remis;
Mais ſans ces gens maſquez ſans doute mes amis,
Ie n'euſſe iamais pû differer l'himenée
Auec vn tel vieillard, de qui l'ame obſtinée
N'euſt iamais demordu de ſon premier projet,
Et quoy que i'euſſe dit, & quoy que i'euſſe fait.
Allons voir là deſſus ce qu'aura fait mon frere,
Encore vn coup, beauté, que tu m'es ſalutaire!

Fin du quatriéme Acte.

COMEDIE.

ACTE V.

SCENE PREMIERE.

DOM SANCHE, MERLIN,

D. SANCHE.

Tovt est perdu pour moy, puisque Blanche est perduë,
Ne m'en parle donc plus, ma mort est resoluë.

MERLIN.

Quand vous parlez de mort, parlez-vous tout de bon?
Si i'estois, comme vous, beau comme Cupidon;
Si i'auois, comme vous, vn satyre pour frere;
Si i'auois, comme vous, des qualitez à plaire;
Si Blanche, comme à vous, me faisoit les doux yeux;
Si l'amour, comme vous, me rendoit furieux,
Ie pousserois ma pointe, il n'est frere qui tienne,
Tant que ie verrois Blanche en espoir d'estre mienne,
Et lors que ie verrois la belle en d'autres bras,
I'en serois bien fâché; mais ie n'en mourrois pas.

D. SANCHE.

Ie suis ce que tu dis: mon frere est méprisable;
Mais mon frere est heureux, & ie suis miserable,
Et pour faire fortune en l'empire amoureux,
Il faut estre à la fois aymable, & bien-heureux.
Blanche m'a foudroyé des traits de sa colere;
Blanche sera bien-tost dans les bras de mon frere.
Quand d'vn bien d'où depend nostre felicité,
Par haine, ou par mépris l'espoir nous est osté,
Les timides conseils ne sont plus bons à suiure,
Qui n'a pû plaire à Blanche, est indigne de viure.
Contentons sa rigueur, & deliurons ses yeux
D'vn Esclaue inutile aussi-bien qu'odieux.

MERLIN.

Mais Monsieur, sauf l'honneur de vostre noble enuie,
Sçauez-vous ce que c'est que de perdre la vie?
Il n'est rien tel que viure.

D. SANCHE.

Il n'est rien tel pour toy?
Mais la vie est à charge aux amans comme à moy,
Que l'amour n'a flatté d'vne vaine esperance,
N'a trompé par l'éclat d'vne belle apparence,
Qu'afin que le penser d'auoir pû viure heureux,
Accrût le desespoir de son cœur amoureux.

D. Blaize paroist au bout du Theatre

Mais ce frere odieux à mon repos funeste,
Ne vient-il pas m'oster le seul bien qui me reste?
Ne vient-il pas encor mon trépas empescher,
Apres m'auoir rauy ce qui me fut plus cher?
Helas! si ie luy dis que Blanche est vertueuse,
N'est-ce pas augmenter son ardeur amoureuse?
Si ie luy dis aussi que Blanche ne l'est pas,
N'est-ce pas offencer vn Ange plein d'appas?
Et ne sera-ce point par vne action lâche,
A l'honesteté mesme auoir fait vne tache!
Hà! n'offensons iamais cette Diuinité,
Et iusqu'au dernier iour disons la verité.

COMEDIE.

SCENE II.
DOM BLAIZE, D. SANCHE, ORDUGNO, MERLIN.

DOM BLAIZE.

Que disiez-vous tout seul mon frere?
D. SANCHE.
Que vous estes
Le plus heureux du monde en tout ce que vous faites.
Et que le Ciel vous donne vne chere moitié,
Digne de vostre choix, & de vostre amitié.
Mes plaintes, mes sermens, mes prieres, mes larmes
Contre-elle n'ont esté que d'inutiles armes,
N'ont fait que m'attirer les traits de son couroux,
Et ie n'espere pas de l'appaiser sans vous.
Va-t'en m'a-t'elle dit de colere embrasée;
Va-t'en chercher ailleurs vne conqueste aisée;
Va-t'en corrompre ailleurs les innocens esprits,
Et n'attend plus de moy que haine, & que mépris.
D. BLAIZE.
Ne me trompez-vous point mon dissimulé frere?
D. SANCHE.
Enuoyés-la querir de la part de son pere,
Et vous tenez caché quand elle passera,
Vous verrez de quel air elle me parlera.
D. BLAIZE.
L'inuention me plaist: ça, ça, que ie me giste.
Ordugno!

LE MARQVIS RIDICVLE,

ORDVGNO.

Monseigneur?

D. BLAIZE.

Va la querir, va viste,

ORDVGNO *s'en-va.*

I'y vai.

D. SANCHE.

Mortel eut-il iamais pire destin?

D. BLAIZE.

A qui parlez-vous là?

D. SANCHE.

Ie parlois à Merlin.

D. BLAIZE.

Mais s'il arriue aussi que la Donzelle tarde,
Si Lizette hardie autant que babillarde
De discours superflus me la va retenir,
Ie pourray m'ennuyer.

D. SANCHE.

Ie l'apperçoi venir,

Retire-toy Merlin!

SCENE III.

BLANCHE, DOM SANCHE.

BLANCHE.

O Dieu! ie vois Dom Sanche.

D. SANCHE.

Ie vous obeïray, trop inhumaine Blanche!

COMEDIE,

Vous n'aurez pas plustost rendu mon frere heureux,
Que i'executeray vostre arrest rigoureux:
Oüy, ie contenteray vostre cruelle enuie,
I'iray loin de vos yeux, les astres d ma vie:
Mes veritables Dieux, mais des Dieux ennemis,
Qui me vont tout oster, & m'auoient tout promis.

D. BLAIZE caché.

Il la presse vn peu trop le frippon, & ie gage,
Qu'apres vn autre assaut, la Dame n'est plus sage.

BLANCHE.

Dom Sanche! ô ma vertu que vay ie dire icy?
Qui vous oblige donc à nous quitter ainsi?

D. SANCHE.

Qui le sçait mieux que vous trop cruelle personne!
Qui le peut mieux sçauoir que celle qui l'ordonne?

BLANCHE.

Celle dont la rigueur vous afflige si fort,
N'a guere moins que vous à se plaindre du sort.
Elle n'empesche point, que D. Sanche n'espere,
Elle le sçaura bien distinguer de son frere,
Quand par vn iuste choix, d'où dépend son bon‐
  heur,
Sa bouche publiera ce que cache son cœur,
Elle veut bien encor qu'il sçache, qu'vne absence
Peut nuire à ses desseins beaucoup plus qu'il ne
  pense,
Nous nous verrons D. Sanche.

D. SANCHE.

O Dieu! tout est perdu,
Blanche m'ayme, & D. Blaize aura tout entendu.

D. BLAIZE sortant de sa cachette.

Hà, hà petit cadet, vous l'auez debauchée,
Cette ieune beauté de vertu non tachée,
Ce riche don du Ciel, cette chere moitié,
Et digne de mon choix & de mon amitié;
Contre qui vos sermens, vos prieres, vos larmes
N'ont esté, disiez-vous, que d'inutiles armes;
Qui vous a fait sentir les traits de son courroux;

Que vous n'esperez pas de r'appaiser sans nous.
Vous courez donc ainsi sur le marché d'vn frere?
D. SANCHE.
Et ne m'auez-vous pas commandé de le faire?
De luy porter dans l'ame vn sentiment d'amour?
D. BLAIZE.
Et c'est dont ie me plains, Godelureau de Cour!
Ie vous auois bien dit, de luy parler de flame,
Afin de découurir ce qu'elle auoit dans l'ame;
Mais de la coquetter, comme vous l'auez fait,
Hà! c'est vne action d'infidelle cadet.
Ma foy, de la façon qu'il me l'a muguettée,
De la place où i'estois, i'auois l'ame tentée.
Le fripon luy tiroit ses coups à bout portant,
La plus laide Guenon qui m'en diroit autant,
Triompheroit bien-tost de nostre continence,
Ordugno!
ORDUGNO.
Monseigneur?
D. BLAIZE.
Va-t'en en diligence,
Arrester des cheuaux, & les tien prests sans bruit,
Ie ne veux pas coucher à Madrid cette nuit:
Tâche de me trouuer aussi ce vieil D. Cosme,
L'homme le plus fascheux qui soit dans le Royaume,
Ie luy rend sa parolle, & ie reprend aussi
La mienne, & cela fait, eloignons nous d'icy.
D. SANCHE.
Ie suis bien mal-heureux d'auoir fait pour vous plaire,
Ce qu'vn autre que vous ne m'eust iamais fait faire;
Et d'auoir reüssy dans mon dessein si mal,
Que vous me soupçonnez d'estre vostre Riual.
D. BLAIZE.
Si vous me dites vray, la chose est pardonnable;
Mais vous l'auez renduë vn peu trop vray-semblable.

Car

COMEDIE.

Car vous la caiolliez de si bonne façon,
Que la Dame a d'abord mordu dans l'ameçon:
Puis qu'elle est si facile en pareille matiere,
Et qu'elle est en vn mot de coquette maniere,
Nous n'auons qu'à songer à des partis meilleurs,
Et D. Cosme n'aura qu'à se pouruoir ailleurs.
Ie luy donne s'il veut signé deuant Notaire,
Que ie luy remets Blanche en faueur de mon frere;
Car quant à l'épouser ie n'ay pas le loisir,
Il s'en fâchera; mais: tel est nostre plaisir,
Tout le regret que i'ay n'est que de mes liurées,
Vn faquin de Tailleur me les a chamarrées,
Comme si le galon ne m'auoit rien couté:
Tu me l'as conseillé, confident euenté,
Et de charger mon train de laquais & de pages,
Mais ie m'en vengeray sur l'argent de tes gages.
Allons chercher D. Cosme, & cependant, cadet,
Puisque ie le permets, poussez vostre bidet.
I'ay d'étranges soupçons de ce cher petit frere. *à part*
　　　　　　　　　　　　　　　　il sort

D. SANCHE.

Blanche approuue ma flame, & veut bien que i'es-
　pere.
Quel plaisir est pareil à celuy d'vn amant
Qui reçoit de son Ange vn tel consentement?
O mon cœur! moderez vos transports d'allegresse,
Reseruez-les, mon cœur, aux yeux de ma Deesse,
Mais ie la voi venir auec tous ses appas.
　　　　　Blanche paroist.
Vous voulez donc encor differer mon trépas?
Et satisfaitte enfin d'vne iniuste souffrance,
Vous me permettrez donc d'auoir de l'esperance,

G

SCENE IV.

BLANCHE, DOM SANCHE, D. BLAIZE.

BLANCHE.

Ozes-tu bien tenir de semblables discours
A qui te voudroit voir à la fin de tes iours?
Ozes-tu m'esprouuer par de laches atteintes,
Et me choisir encor pour l'obiet de tes feintes?
I'auois d'abord puny, comme tout autre eust fait,
D'vne iuste colere vn amour indiscret;
Mais depuis soupçonnant que tu feignois ta flame,
Pour tenter ma vertu, pour esprouuer mon ame:
Car qui iamais eust cru qu'vn amour criminel,
Eust banny de ton cœur le respect fraternel?
I'ay feint de compatir à ta peine insensée;
I'ay feint que ton amour m'auoit l'ame blessée:
Tes yeux m'ont veu rougir, & m'ont veu soûpirer,
Et ma feinte bonté t'a permis d'esperer;
Mais maintenant ie sçay que ton cœur est capable
Du crime le plus noir & le plus detestable:
Sçache aussi que le mien est aussi vertueux;
Que le tien est ingrat, lache, & presomptueux,
Et quand il deuiendroit d'vn crime susceptible,
Qu'il ne seroit iamais à ton amour sensible.
Sçache qu'il cherira ton frere tendrement,
Et qu'il te haïra tousiours mortellement.
elle s'en va.

COMEDIE.
D. BLAIZE. paroist.
Qu'en dites vous cadet ? Blanche & vous, ce me semble
Quoy qu'aymables tous deux, n'estes pas bien ensemble.
Ordugno!
ORDVGNO.
Monseigneur?
D. BLAIZE.
Et c'est parler cela;
C'est comme il faut traitter vn coquet Quinola.
O la Maistresse fille! & Porcie, & Lucresse,
Ne l'ont iamais valuë auecque leur prouësse:
Lucrece auec Tarquin se donna du bon temps,
Et l'autre se brula la gorge à contre-temps.
Dieu! qu'elle est raisonnable & qu'elle est forte en bouche,
Celle que ie croyois vne sainte N'ytouche.
Ma foy ie me marie au son de maint rebec,
Et D. Sanche n'aura qu'à s'en torcher le bec.
Ie veux dez cette nuit auec grande energie,
Ebaucher en draps blancs ma genealogie;
Et cependant cadet, vous ferez là-dessus,
il sort.
Des stances, ou du moins des regrets superflus.
MERLIN *par ironie.*
Que D. Sanche est heureux! sa Maistresse l'adore.
D. SANCHE.
Ce froid boufon vient-il m'importuner encore?
O Blanche! vous aymer, est-ce vn iuste suiet
De me desesperer, comme vous auez fait?
Et que puis-je penser d'vne fille inconstante?
Qui tantost rigoureuse, & tantost obligeante,
Prend en moins d'vn moment deux sentimens diuers,
M'éleue sur le throne, & me met dans les fers.
Ha Lizette!

G ij

SCENE V.

LIZETTE, DOM SANCHE.

LIZETTE.

Ie sçay ce que vous m'allez dire;
Mais quand bien on auroit d'vn plus cruel martire
Puny voſtre malice, & voſtre trahiſon,
Vous auriez touſiours tort, & Blanche auroit raiſon.

D. SANCHE.

Vous m'abandonnez donc ô fille trop cruelle?

LIZETTE.

I'abandonne vn amant que ie crois infidelle.

D. SANCHE.

Moy Lizette?

LIZETTE.

Ouy vous; car mon beau caualier,
Puis qu'il vous faut conuaincre, oſerez vous nier
Que par vn feint amour, vne lache fineſſe,
Vous n'ayez attenté d'éprouuer ma Maiſtreſſe;
Elle s'en douta bien, & pour s'en aſſeurer,
Elle feignit auſſi, vous permit d'eſperer;
Dom Sanche y fut trompé; car l'amour de ſoy-
meſme,
Perſuade aiſement vn ieune-homme qu'on l'ayme:
Mais il ne ſçauoit pas que Blanche l'écoutoit,
Lors qu'au Marquis ialoux iurant il proteſtoit

COMEDIE.

Que c'eſtoit ſeulement à deſſein de luy plaire,
Qu'il s'eſtoit declaré de Blanche tributaire.
Elle le contrefait.
Vous m'auez commandé de feindre, ie feignois;
Mais mon cœur n'eſtoit pas d'accord auec ma voix.
Ce ſont vos meſmes mots, on me les vient d'apprendre.

D. SANCHE.

Il eſt vray, ce les ſont : mais voulez-vous m'entendre?

LIZETTE.

De bon cœur.

D. SANCHE.

Si ie croy les auoir offencez
Ces yeux iniuſtement contre moy courroucez;
Que puiſſé-ie à iamais leur eſtre deteſtable,
Si ie ne vous fai pas vn recit veritable,
Et ſi vous n'auoüez que ie n'ay point de tort;
Que puiſſé-ie tomber à vos pieds roide mort.

LIZETTE.

Il faut que Dieu m'ait fait le naturel bien tendre,
Quand ie vois quelque amant qui parle de ſe pendre,
Ou bien de ſe donner vn grand coup de poignard,
C'eſt comme s'il perçoit mon cœur de part en part:
I'ay brûlé comme vn autre, & ſçay combien vaut l'aune
De cette paſſion qui fait deuenir iaune.
Pour reuenir à vous, ſi vous me faites voir
Que vous n'auez rien fait contre voſtre deuoir,
I'eſpere d'eſtre vtile au bien de vos affaires:
Mais Monſieur, ſi l'amour ayme les temeraires,
Allons tout droit à Blanche, embraſſez ſes genoux,
Pleurez, & ſoûpirez, & laiſſez faire à nous,
Auſſi-bien, il nous faut deguerpir de la place;
Voicy noſtre vieillard.

SCENE VI.

D. COSME, STEFANIE, LOVIZE, OLIVARES.

D. COSME.

J'Ay de voſtre diſgrace
Beaucoup de déplaiſir, & ſuis fort eſtonné,
De l'important auis que vous m'auez donné.
STEFANIE.
Ie vous apporte icy ſa trompeuſe promeſſe:
Dans l'oubly de moy-meſme, où me met ma triſteſſe,
Ie ne m'auiſois pas de vous la faire voir.
D. COSME.
Donnez.
LOVIZE *à Oliuares tout bas.*
C'eſt ce papier que Merlin laiſſa choir,
Le valet de D. Sanche.
STEFANIE *qui l'entend, luy dit auſſi tout bas.*
Et c'eſt par là, Louize,
Que tu verras bien-toſt ta Maiſtreſſe Marquize.
LOVIZE. *Dom Coſme lit.*
Mais ſi l'on va ſçauoir que vous ne ſoyez pas
La fille du vieillard, la machine eſt à bas:
C'eſt à vous d'y penſer.
STEFANIE.
Mon Dieu, laiſſe moy faire.

COMEDIE.
OLIVARES.
Elle va s'attirer quelque mechante affaire,
Et nous faire donner quelques mauuais presens.
D. COSME.
C'est vne lettre escritte en termes fort plaisans.
Il veut qu'elle ait, dit-il, force d'vne promesse,
I'y reconnois sa main par tout, fors dans l'addresse.
Vous vous appellez donc Comtesse d'Alcalca?
STEFANIE.
C'est le nom d'vne ville auprés de Malaca:
Quand le Mars Portugais, Albuquerque en fut
  Maistre,
De cette recompense il daigna reconnaistre
Les seruices rendus par deffunct mon Mary.
Helas! son souuenir m'a le cœur atendry,
Ie ne puis retenir mes pleurs, quand ie le nomme.
D. COSME.
Il faut que le Marquis soit vn tres-mechant hom-
  me,
Ou bien que vous soyez plus mechante que luy:
Quant à sa lettre, elle est pour vous de peu d'appuy,
I'y vois des nullitez qui sont peu receuables.
Vous auez deux Enfans?
STEFANIE.
              Deux petits miserables,
Tous deux des plus iolis, & les viuants portraits
Du Pere.
D. COSME.
      Vous aurez à faire de grands frais
Contre vn homme puissant.
STEFANIE.
            Quoy que pauure estrangere,
Mon Pere fait icy sa demeure ordinaire;
Il ne laissera pas vne fille au besoin:
De luy, iusqu'à ce iour, ie me cache auec soin,
Redoutant son courroux, de ma faute honteuse;
Mais ie sçay bien qu'il a l'ame fort genereuse,

G iiij

Ie suis pour vous parler auec sincerité,
Fille d'vn Castillan homme de qualité:
Il deuint dans Lisbonne amoureux de ma Mere,
Qui n'a point eu depuis nouuelles de mon Pere,

D. COSME.
Homme de qualité?

STEFANIE.
Noble comme le Roy.

D. COSME.
Et s'appelle?

STEFANIE.
Dom Iuan Palomeque.

D. COSME.
Est-ce moy?
Bons dieux! & vostre Mere?

STEFANIE.
Eluire de Pacheque.

D. COSME.
Hà ma fille! ie suis ce Dom Iuan Palomeque,
Qui deguisois mon nom dans Lisbonne, ô bon
Dieu!
Que ie reçoi de ioye à vous voir en ce lieu,
Et que ie suis fâché, de vous voir de la sorte:
Mais apprenez moy donc, comment elle se porte,
Cette aymable beauté, de qui l'œil mon vainqueur,
Malgré l'esloignement, regne encor dans mon cœur,

STEFANIE.
Helas! vn sort cruel me l'a trop tost rauie,
Et depuis, le mal-heur m'a tousiours poursuiuie,

D. COSME.
Sa perte m'est sensible auec iuste raison;
Mais icy les regrets ne sont pas de saison.
Trauaillons maintenant comme au plus necessaire,
A vous tirer de peine, aussi-bien que d'affaire.

STEFANIE.
Vous auez dans vos mains mon honneur, & mon
bien,

COMEDIE.

D. COSME.

Mettez-vous en repos, vostre honneur est le mien,
Ie ne suis pas d'auis qu'on vous fasse paraistre,
Qu'on ne soit éclaircy du dessein de ce traistre;
Entrez-donc dans ma chambre.

SCENE. VII.

DOM BLAIZE ; ORDVGNO, D. Cosme, Stefanie, Lovize, Olivares, &c.

D. BLAIZE.

Ordugno !

ORDVGNO.

Monseigneur?

D. BLAIZE.

Ie veux absolument qu'on batte mon tailleur,
Mon habit est mal fait. Hé bien mon cher beau-pere,
Ie ne suis plus d'auis que l'himen se diffère.

D. COSME.

Et moy i'en suis d'auis.

D. BLAIZE,

Cecy seroit plaisant?

D. COSME.

Il est pourtant ainsi.

D. BLAIZE.

Cet esprit mal faisant
Sçait parfaitement bien faire enrager le monde,

Ciuil beau-pere en qui toute douceur abonde,
Expliquez nous vn peu vos desseins ambigus!
Vous voulez vne chose, & ne la voulez plus.
Sçauez-vous, si l'himen ne se fait dans vne heure,
Il ne sera pas de six mois, ou ie meure?

D. COSME.

Si vous disiez iamais, ie vous en croirois mieux.

D. BLAIZE.

I'auois tousiours bien dit que son grand serieux
Pourroit degenerer à la fin en folie,
Et ie repete encor qu'il faudra qu'on le lie.

D. COSME.

Dom Blaize il n'est plus temps de vous rien deguiser,
Vous estes découuert; c'est pourquoy sans ruzer,
Acheuez vostre himen auecque Stefanie
Comtesse d'Alcalca.

D. BLAIZE.

     Sa nouuelle manie
Me fait peur, où prend il cet étrange Comté,
Dont le nom sent si fort son esprit demonté?

D. COSME.

Ma fille est vostre femme, elle a vostre promesse,
Et de plus, deux enfans, de plus elle est Comtesse.

D. BLAIZE.

Vous estes fou D. Cosme, & de plus, fou facheux,
Et de plus, incurable, & nous en serions deux,
Si i'allois me fâcher de vos folles boutades,
Que ie veux desormais receuoir en gambades.
         il saute.

D. COSME.

Reconnoissez-vous bien cette escriture?

D. BLAIZE.

        Ouy-da:
Mais ie ne connois point la Dame d'Alcalca.
I'escriuis cette lettre à vostre fille Blanche,
Ie l'auois addressée à mon frere Dom Sanche,
C'est toy qui la portas Merlin?

COMEDIE.

MERLIN.
Ie n'en sçay rien,
Ie n'ay point de memoire, & vous le sçauez bien.
D. BLAIZE.
Hà voicy ma Maistresse, & mon cadet. Mon frere!
Et vous Blanche, venez songer à vostre Pere.
D. COSME *à la porte de la chambre,*
où Stefanie est cachée.
Sortez, sortez, Madame: il n'est plus de saison
De ménager l'esprit d'vn homme sans raison.
D. BLAIZE.
La Dame est assez belle.
D. SANCHE.
Et c'est la Portugaise,
Merlin!
MERLIN.
Sur mon honneur, on en veut à D. Blaize.
D. SANCHE.
Tant mieux amy Merlin.
D. COSME.
Dom Blaize, vous voyez,
Que ie ne suis pas fou, comme vous le croyez.
Pouuez-vous bien trahir cet obiet plein de charmes?
STEFANIE *pleurant.*
Ie ne puis retenir mes sanglots & mes larmes.
OLIVARES *pleurant.*
Madame! voulez-vous incessamment pleurer?
LOVIZE *pleurant.*
Quel plaisir prenez-vous à vous desesperer?
STEFANIE *pleurant.*
Hà mes amis pleurons vn malheur sans remede,
Ayons recours aux pleurs, quand la constance cede.
D. BLAIZE.
Et qu'est-ce qu'elle a donc à s'affliger ainsi?
Et celuy qui la mene, & sa suiuante aussi.
D. COSME *pleurant.*
Ils me font grand pitié.

D. BLAIZE, *pleurant.*

    S'ils pleurent dauantage,
Il faudra bien aussi humecter son visage.
Peste soit des pleureurs.

   D. COSME.

    Hà ma fille! vos pleurs,
Au lieu de vous seruir, aigrissent vos douleurs.

   STEFANIE.

Adorable ennemy! que ie hay, que i'adore,
Tes iniustes rigueurs durent-elles encore?

   D. BLAIZE.

Belle qui pleurez tant, inconuë à mes yeux,
Voudriez-vous pleurer moins, ou vous expliquer
 mieux?

  STEFANIE *luy sautant aux yeux.*

Tu ne me connois pas ingrat? hà! tout à l'heure,
Il faut que ie t'étrangle, ou qu'vn de nous deux
 meure.

   D. BLAIZE.

Haye, haye, haye, Ordugno! mon cher frere! Merlin
Venez me deliurer de cet esprit malin.

   STEFANIE.

Perfide! scelerat!

   D. BLAIZE.

    Seigneur en qui i'espere!
N'estoit-ce pas assez de ce maudit beau-pere,
Sans lacher contre moy la Dame d'Angola?

   STEFANIE.

Di d'Alcalca, mechant, auprés de Malaca.

   D. BLAIZE.

D'Angola, d'Alcalca, Malaca, que m'importe
De bien dire son nom, que le Diable m'emporte,
Si ie t'ay iamais veüe, & si ie crois iamais
Te voir.

   D. COSME.

  Vous ne pouuez refuser desormais
D'épouser en public ma fille.

COMEDIE.

D. BLAIZE.
Ha cher beau-pere!
De bon cœur, Venez donc ma belle.
en s'addraſſant à Blanche.

D. SANCHE.
Non mon frere,
Blanche n'eſt plus à vous, Blanche n'eſt plus qu'à
moy,
En matiere d'amour nul ne me fait la loy.

D. BLAIZE *à Blanche.*
Et vous y conſentez?

BLANCHE.
Que mon Pere y conſente,
Et ie m'eſtime heureuſe, honorée & contente.

D. BLAIZE.
Et vous Dom Coſme?

D. COSME.
Et moy ie vous diray qu'il faut
Que vous donniez la main à ma fille au pluſtoſt.

D. BLAIZE.
Ie le veux.

D. COSME.
Mais ma fille eſt cette belle Dame
Comteſſe d'Alcalca.

D. BLAIZE.
Grand Dieu que ie reclame,
Eſt-ce pour mes pechez, que ie ſuis à Madrid!

D. COSME.
Mais peut-on conteſter contre ſon propre eſcrit,
Ma fille eſtant bien faitte?

D. BLAIZE.
He diantre! elle eſt trop belle,
Et c'eſt pour cela ſeul que ie ne veux point d'elle,
Mon front ſeroit gaſté s'il deuenoit cornu,
Et ie n'épouſe point de viſage inconnu.
D. Blaize, il faut quitter cette maudite terre,
Où tout le genre humain me declare la guerre,

LE MARQVIS RIDICVLE,

Où l'on voit tant de fous, où l'on force les gens
Au fâcheux ioug d'himen, mesme malgré leurs
   dents.
D. Cosme, pour r'auoir ma maudite promesse,
Et pour n'épouzer pas ta fille, ou ta Comtesse,
Vn dangereux dragon, qui m'a pris au gosier,
Et qui me dérobant certain portrait hier,
M'egratigna les mains (ie reconnois sa taille,)
Et ie gagerois bien, que ce n'est rien qui vaille:
Pour m'en deliurer donc, & partir à l'instant,
Ie veux bien qu'il m'en couste vn peu d'argent con-
   tant.

        D. COSME *à Stefanie*.
Il le faut prendre au mot, vous ne sçauriez mieux
   faire.

        D. BLAIZE.
Et pour me deliurer de mon faquin de Frere,
Ie veux le partager, mesme grossir son fait,
Ainsi ie me verray sans femme, & sans cadet.

        D. COSME.
Ie veux sçauoir quel bien, vous donnez à D. Sanche.

        D. BLAIZE.
Plus que vous n'en donnez à vostre fille Blanche,
Et pour ne vous voir plus, Comtesse d'Alcalca,
Apprenez que i'irois plus loing que Malaca.

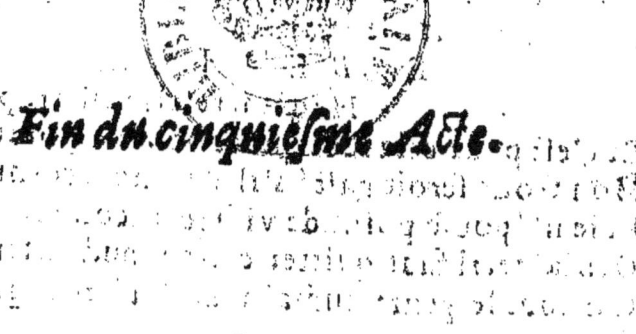

Fin du cinquiésme Acte.

www.ingramcontent.com/pod-product-compliance
Lightning Source LLC
LaVergne TN
LVHW050554090426
835512LV00008B/1158